늙음에 미치다

창조적 노인으로 사는 법

늙음에 미치다

창조적 노인으로 사는 법

초판 인쇄 2019년 6월 15일
초판 발행 2019년 6월 20일

지은이   이호선
교정교열   정난진
펴낸이   이찬규
펴낸곳   북코리아
등록번호   제03-01240호
주소   13209 경기도 성남시 중원구 사기막골로 45번길 14
          우림라이온스밸리2차 A동 1007호
전화   02-704-7840
팩스   02-704-7848
이메일   sunhaksa@korea.com
홈페이지   www.북코리아.kr
ISBN   978-89-6324-643-7 03190

값 14,500원

이호선 지음

늙음에 미치다

창조적 노인으로 사는 법

북코리아

차례

들어가는 글

———

창조적으로 산다는 것은 세대를 거머쥐는 주제다. 젊어도 창
조적인 길을 걷고 나이가 들어가면서도 인간은 창조적이다.
다만 창조적으로 산다는 것은 어떤 것일까? 나이 들어가며 거
울 앞에서 명백한 세월을 보게 되고, 시간을 돌아보고 고개를
떨어뜨리며, 홀로 앉은 방안 공기를 새삼 들이마시게 된다.

중년에 준비하자는 노후는 찰나와 같이 바싹 다가선다.
활동성, 관계성, 융통성, 독립성을 조금씩 내어주게 되는 노
년기에 정작 무엇이 필요할지 말하는 이가 없다. 노년이 언제
부터 무거운 주인공이었는가? 지혜는 의미의 무게일 뿐 일상
의 무게가 아니었다. 이제 지혜의 시대에서 기계의 시대를 사
는 20세기의 전령들, 중년과 신중년, 노년을 위한 창조적 삶

을 제안하고자 한다.

생존을 위한 제안을 넘어 선택하는 인간으로서 노년의 삶은 어떤 것일까. 묵혀두었던 창조의 조각도를 꺼내어 갈고 노년기라는 덩어리 앞에 앉아보자. 무엇이 되었건 깎고 또 깎아보자. 새가 될지, 강아지가 될지, 용의 머리가 될지, 사람의 얼굴이 될지 알 수 없는 인생의 작품을 시작해보자. 창조주의 마지막 인간, 노인의 작품을 시작해보자.

누구도 노년에게 말을 걸지 않는다. 그리고 누구도 노년에게 조언하기 어렵다. 오랜 시간 많은 노인을 만나고 분석하면서 많은 분에게 질문을 받았다. 어떻게 살아야 괜찮은 노인이 되는지 알려달라고, 지금보다 나은 삶을 살고 싶은데 늙어갈수록 자신이 없으니 도와달라고, 더 멋진 삶의 모델은 어떤 것이냐고 정말 많은 분이 물어왔다.

노구의 심장은 여전히 뛰고 대부분의 노인은 '좋은 노인', '괜찮은 사람'으로 살고 나이 들길 바란다. 그래서 나는 노인을 '늙은 사람'이 아니라 놀 줄 아는 자여서 노인이고, 뻔한 삶을 거절할 줄 알기에 노인(no-人)이라고, 걸어가는 자리마다 역사를 놓은 자여서 노인이라고 세상에 말하고 다닌다.

나이가 아니라 욕망으로 살아가는 노인의 최대 욕망인 '창조적인 삶'을 두고 먼 거리에서 노년을 보는 청년들에게, 그리고 이제 거울 속 흰 머리 가닥에서 노인을 슬쩍 보는 중년,

그리고 노인의 존재로 살아가는 그들 중 누구도 노인의 세포를 가진 자는 없다. 몸은 늘 새롭게 세포를 만들어내고 새로운 존재로 우리를 유지하나, 노인은 성숙의 값을 몸으로 치를 뿐이다. 여전히 같은 심장으로 뛰고 있는 청년의 노인, 중년의 노인, 노년의 노인이 모두 고대하는 '창조적 삶'이 일상의 혈관을 타고 삶을 통과하여 새로운 노년의 역사를 쓰기 바란다.

노인의 이야기를 오랜 시간 대표적인 이름으로 전달하고 있는 《백세시대신문》에 감사한다. 이 책의 글 가운데 상당 부분은 필자가 오랫동안 기고했던 《백세시대신문》〈금요칼럼〉에서 발췌한 것들이다. 글을 쓰며 노년의 스케치를 그려낼 수 있었고, 이 책의 거대한 그림퍼즐을 맞추어갈 수 있었다. 또한 신선함으로 미술계에 파격을 주었던 김난 작가에게 감사한다. 기꺼이 그림을 통해 글을 드러낼 수 있도록 작품을 싣는 것을 허락해주었다. 다른 문화의 묘한 어울림, 어쩌면 20세기 노인과 21세기 문화의 조우·조화의 모습을 벽과 면, 색과 대상, 물건으로 이어주는 가장 현실적인 신중년 문화 심정을 담아내고 있다.

노인이 누구인가는 중요하지 않다. 노인이 무엇으로 사는가도 개인에게는 그 의미가 크지 않다. '나는 누구와 살 것인가'는 이제 창조적 삶의 과정을 통하여 '나는 누구를 선택

할 것인가'라는 좀 더 힘 있는 노년의 조각을 시작하는 화두
가 될 것이다. 당신은 누구와 살 것인가?

2019년 4월 종로 연구실에서

이호선

[제1부]
노인이 부를 노래

즐거워. 68×38cm, 장지에 채색, 2013. ⓒ 김난.

늙음에 미치다!

─────

한 아내가 70세에 바람난 남편을 향해 "미치려면 곱게 미쳐!"라고 소리쳤다. 그랬더니 남편은 "이보다 어떻게 더 곱게 미치냐. 넌 그 나이에 가슴이 뛰냐?"고 대응했다. 전쟁과 비극의 한가운데 매일 서야 하는 직업적 특성 때문인지 나는 자주 부부관계의 진공 가운데 들어선다.

이유가 무엇이고 시작이 어디건 간에 남편의 외도는 고통스런 결과를 만들어내어 그 감정의 값을 치르게 되었고, 아내의 정지된 심장은 공감과 판단을 삼켜 마침내 이 둘의 이야기는 비극으로 치닫고 말았다. 이 부부의 가슴 아픈 선택과 외침이 폭풍처럼 지나가고 혼자 남는 시간이 되니, 때 되어 울리는 알람처럼 '미치는 것', 그중에서도 '곱게 미치는 것'에 대해 생각하게 되었다.

대개 노년기에 '미치는 것'은 치매에 대한 표현이다. 그런데 흔히 '곱게 미쳐라'라고 말할 때는 정신적인 문제가 있을 때보다는 정상 상태임에도 불합리한 말이나 행동이 사건으로 표출됐을 때, 그 상황에 대해 부정적인 평가를 할 때 사용하는 표현이리라.

과연 우리는 곱게 미칠 수 있을까? '미침'에 '곱다'라는 표현을 과연 사용할 수 있을까? 미치라는 건지, 미치지 말라는 건지, 그렇게 말하는 그 사람은 곱게 미칠 수 있는지도 궁금하다. 가능성과 사실 여부를 떠나 '미친다'라는 것은 사전적인 의미로는 정신에 이상이 생겨서 정상적이지 않은 상태, 그야말로 '회까닥'한 부정적인 의미로 사용되곤 한다.

허나 젊은 시절에는 '삶에 미쳐', '사랑에 미쳐' 혹은 '산에 미쳐' 등의 표현들을 종종 들어봤을 테니 '미친다'는 것이 뭔가에 몰입하고 이에 완전히 홀려 있는 상태도 알 것이다.

몰입과 홀림이 있다는 것은 열정과 집중 상태이자 마니아들을 설명하는 주요 단어들이기도 하다. 다들 여기에 미치고 저기에 미쳐봤다고 이야기하지만, 생각해보면 우리의 삶의 자리인 '늙음'에 미쳐본 자가 있는지 물어보고 싶다. '늙어감', '나이 듦'에 대해 얼마나 알고 있고, 늙음의 의미와 그 과정을 수집하는 데 힘과 돈을 들여보고, 그 오미(五味)와 묘미

(妙味), 그 즙을 마시고 누리며 '늙음에 미쳐본 자'는 얼마나 될까.

젊음에만 미치겠는가, 사랑만 탐닉하겠는가? 그 미치고 탐닉하는 대상이 늙음이면 안 되겠는가? 생애 가장 긴 시간이 된 늙음에 대한 탐색과 빠져듦은 불가능한 것인가? 요즘 젊은 이들이 말하는 'HERE & NOW', 지금 여기 내가 살고 있는 이 자리, 내가 만나는 사람에 대한 몰입 상태를 말한다.

노년기를 사는 우리에게 여기는 노년기이고, 지금은 늙음 상태를 말할 테니, 그야말로 우리가 집중해야 할 것은 우리의 '늙음'이고 우리가 탐닉해야 할 것도 '나이 듦'이리라. 우리 삶의 자리에 대한 분석과 집중은 젊은 시절에는 '청춘찬가'로, 나이 들어서는 '나이 듦의 축배'로 이어질 수 있을 텐데, 우리는 자신의 값진 현재를 두고 청춘을 떠난 열차를 향해 손짓하듯 허망하게 불러대곤 했다.

늙음이 우리의 자리이고, 나이 듦이 우리의 현재이다. 그러니 지금 여기, '카르페 디엠(carpe diem)' 현재 이 순간을 즐기기 위한 전제로 오늘을 권해본다. 미쳐보자, 한 번도 미쳐보지 않았던 것처럼 늙음에 미쳐보자. 현재를 즐기지 못하는데 내일이 무슨 의미가 있겠는가. 충분히 몰입한 오늘이 내일을 낳으리니 잊고 있던 우리의 자리, 우리의 시간인 '늙음'에 미쳐보자.

멋있고 곱게 미쳐볼 작정을 해보자. 이때 아니면 또 언제
미쳐보겠는가. 오늘은 제대로 미쳐 늙음을 만끽해보자.

누가 사랑을 아름답다 했는가

―――

가왕 조용필이 목 놓아 불렀던 〈창밖의 여자〉의 하이라이트이다. 그런데 다짜고짜 묻고 싶다. 누가 사랑을 아름답다 했을까? 시로, 노래로, 그림으로, 말로 우리는 숱한 고백의 언어로 사랑을 노래하고 그 사랑에 그리움, 연민, 가슴 떨림 등 수많은 다른 이름표를 붙이기도 했다. 목숨 다해 사랑한다는 상사병도, 미워도 보고 싶다는 카사노바도, 달 보며 울었다는 갑돌이의 노래도 모두 사랑 이야기다. 사랑은 사람이 할 수 있는 가장 흔한 일인가 싶지만, 비련은 늘 사랑보다 더 깊은 흔적을 남긴다.

얼마 전 영국에서는 해리 왕자가 미국 여배우 메건 마클과 결혼하면서 숱한 이야기들이 쏟아졌다. 혼혈에 이혼 경력이 있고 시아버지 손을 잡고 올린 결혼식에는 10만이 운집했다. 해리 왕자의 어머니인 다이애나 왕비의 이야기는 놀라움과 슬픔이 어지럽게 교차되어 지금도 회자된다. 평범한 소시민의 신데렐라 이야기로 시작된 다이애나는 찰스 왕자와 결혼하고, 이들의 결혼생활은 결국 별거와 사망이라는 비극적 종말을 맞았다.

그리고 한 일본 여인의 이야기가 있다. 그녀의 이름은 나시모토 마사코. 일본 메이지 천황의 황족으로 태어나 아버지의 미미한 정치적 기반 탓에 식민지 조선인 왕자와 원치 않는 결혼을 한다. 모두가 불임이라 했으나 아이를 낳았고, 아이는 돌을 넘기지 못하고 세상을 떴다. 하늘은 한 명의 아이를 더 점지해주었고 행복이 이어지나 했으나, 일본의 패전 이후 신분강등과 재산몰수가 이어졌다. 남편 나라의 새로운 지도자의 반대로 남편의 나라로도 갈 수 없게 되어 일본인도 아니고 조선인도 아닌 자로 고된 삶을 살았다. 세월이 흘러 남편의 나라에도 새로운 정부가 들어서면서 간신히 국적을 회복하고 창덕궁 낙선재에서 명을 달리한다. 조선의 딸이 아니면서 조선의 왕비로 살다간 이방자 황태자비의 이야기이다.

다이애너 비에게도 이방자 비에게도 묻고 싶다. 사랑이 아름답습니까? 이들의 사랑은 비련이었을까? 그렇다면 우리의 사랑은 어떠했는가? 뜨거웠던 사랑도 있었고, 풋사랑의 감정으로 기억마저 희미해진 얼굴도 있을 것이다. 간절함의 거품이 사라진 순간을 50년이 지나도록 잊지 못하기도 하고, 함께 얼굴을 부비며 사랑을 고백했던 그 사람의 주름을 보아가며 같이 늙어가는 이들도 있을 것이다.

사랑 좀 해봤다면, 이제 묻고 싶다. 사랑이 아름답던가? 가요마다 사랑에 신음했던 기억을 노래하고, 시마다 비련이며, 그림은 추억을 물감 삼아 작품이 된다. 그 기억, 비련, 작품을 모으면 어디 '사랑'이라는 집만 지으랴. 이 소재라면 '늙음'도 지어낸다. 우리는 세월에 신음했고, 고백마다 아픔이었으며, 기억은 거품처럼 올라 삶의 흰 기포가 되어 머리에 내려앉았다.

누가 사랑을 아름답다 한다면, 이제 늙음 역시 아름다울 것이다.

그리스어로 작품은 '포이에마(poiema)'이다. 신이 인간을 만들고 '토브', 곧 "좋았다"라고 고백하는 순간에 인간은 포이에마로 불린다. 인간이 평생을 노래하는 사랑은 작품의 이야기이다. 그리고 늙은 사랑 이야기 역시 작품이다. 신은 젊은 인간을 창조했다고 말하지 않았다. 작품을 창조했다고 했다. "좋았다"라는 신의 고백은 창조와 성장, 발전과 노쇠의 모든 과정을 통틀어 통전적 고백이었다. 신의 작품 안에는 '늙음'도 포함된다. 그 모든 순간에 신의 고백은 "참 좋았다"였다.

사랑이 아름답다면 늙음도 아름답다. 사랑이 노래라면, 늙음은 울림이다. 사랑 노래의 모자이크는 절과 단을 넘나들며 늙음이 되고 울림이 된다. 다이애나의 사랑도, 이방자 여사의 시간도 이제 영화가 되고 소설이 되고 시가 되고 노래가 되고 작품이 되었다. 이들은 시간이 아니라 글 속에 늙어가고, 실상이 아니라 추상 속에 기억된다. 우리의 늙음도 고백 속에 무르익고, 기억 속에서 다시 작품이 된다.

신은 우리에게 말한다. "내가 사랑을 아름답다 했다." 그리고 "내가 늙음을 아름답다 했다." 노래로 들리고 기억으로 울리는 인류의 사랑과 늙음이라는 공통분모 속에 신의 목소리가 들린다. 조용필의 노래 속에서 오늘 신의 이야기를 듣는다.

눈멀어야 가까이 볼 수 있습니다

———

나이에 따라 시력이 달라지니, 고령사회에 맞는 명함이 절실하다. 이런 말은 꼭 하고 싶었다. 기존의 명함을 그대로 쓰는 회사들이야 좀 불편하겠지만, 뭐가 보여야 이름을 알아먹고 뭐가 읽혀야 회사 전화번호도 알 것 아닌가!

요즘 명함을 받으면 전에 없이 팔이 아프다. 눈앞에서도 잘만 보이던 명함 글씨가 어찌된 일인지 점점 멀어져야 보이니 말이다. 인간의 눈이라는 것이 본래는 앞에 있는 것은 잘 보이고 멀리 있는 것은 잘 보이지 않는 것이거늘, 인생 중반에 들어서면 어느덧 현상은 곧 역전된다. 글씨를 보려 하거나 카톡이나 문자를 보려면 미간을 찌푸리고 팔을 쭉 뻗어 종이나 휴대폰을 점차 멀리 가져가야 비로소 보인다. 멀어야 보이고, 가까우면 찌푸린다. 사랑이야 눈멀어야 가까이 볼 수 있겠지만, 노안은 멀어야 가까이 볼 수 있다.

이제 잘 보이는 것이라고는 움직이는 사람들, 특히 눈앞에서 알짱대던 어린아이들이 눈에 쏙 들어온다. 한창 애들을 키울 때는 보이지도 않던 걸음마 아기들의 신발 모양이 보이고, 지나가는 청소년들의 긴 머리에 꽂힌 똑딱핀이 눈에 보인다. 보이지 않았던 아내의 귀밑 점이 보이고, 아들의 희끗해진 옆머리가 보인다. 전에는 보이지 않던 것들이 가까이 보인다.

글씨가 안 보이면, 사람이 보인다. 사람이 보이기 시작하면 글씨는 별 관심이 없어지기도 하고, 글씨가 나를 밀어내는 것 같기도 하다. 글자 앞에서는 점점 침침해지고 새로운 정보 앞에서도 점점 깜깜해진다. 밀려나는 것 같기도 하고 도태되는 것 같기도 한 변화를 느끼게 되는 때가 온다는 말이다.

글씨와 정보 앞에서는 점점 까막눈이 되어가지만, 사람과 사랑 앞에서는 점점 큰 눈을 뜨게 되는 경험을 한다. 빠르게 변화하는 정보사회 앞에 인공지능이 우리와 대화하며 우리의 정신건강을 돕는 시절이 오고 있다지만, 그저 버튼이나 누를 뿐 그 원리나 비결을 알 리 만무하다. 다만, 사람은 점점 잘 보인다. 선인과 악인이 구분되고, 덕이 있는 자와 미련한 자가 구분되며, 결국 나에게 소중한 사람이 누구인지도 깨달게 된다. 아이의 맹목적인 발걸음이 보이고, 공부 못하는 초등 손자의 착한 마음씨가 보인다. 속 썩이던 둘째 아들이 늘내 위로자가 된다는 것도 육안이 약해질 때가 되어서 알게 되는 일이다.

사랑이 우리를 눈멀게 하는 것인가, 아니면 눈이 멀어야 사랑이 보이는 것인가? 혼란스럽지만, 이 속에 논리는 항상 같다. 약함은 우리의 다른 쪽을 강화한다는 점이다. 지금은 눈만 침침할 뿐이나, 얼마 지나지 않아 귀도 먹먹해질 가능성이 높다. 눈과 귀만 그러면 나으련만, 다리도 아프고 장기도 하나씩 힘을 잃어갈 것이다.

그러나 눈이 약해지는 것이 사랑을 보게 한다는 이 역설에서 희망을 얻어보자. 귀가 안 들리면 상대의 입을 더욱 자세히 보게 될 것이다. 한 번도 자세히 본 적이 없던 아이들의 얼굴을 그 어느 때보다 자세히 보고 더 자세히 그의 말을 읽어내려고 애쓰게 될 것이다. 살아오며 우리는 처음으로 아이들의 얼굴과 표정을 공부하게 될 것이다. 다리가 아파야 늙은 시인의 시구가 들린다. '내려갈 때 보았네, 올라갈 때 보지 못한 그 꽃.' 장기가 하나씩 약해지면서 우리는 심장의 위치를, 쓸개의 기능을, 소장의 크기를, 그리고 일상적인 것들의 소중함을 비로소 하나씩 깨우친다.

잃는 것이 우리를 알게 하고, 약해지는 것이 우리는 지혜롭게 한다. 죽어야 살아나는 이 역설은 참으로 종교 같다. 약해지는 것의 고통, 그리고 새롭게 알게 되는 통찰과 발견의 기쁨. 우리는 둘 중 어떤 것에 무게를 두어야 할까. 잃어버린 것이 다시 내게 돌아오는 일은 거의 없다. 그러나 잃어버린 것의 빈자리에 허탈이 아닌 지혜와 발견이 채워진다면, 고통이 우리 인생의 보완재요, 약함이 우리 삶의 대체재라 할 만하다.

잃은 것, 약해진 것은 그냥 보내자. 내가 잡지 못할 세월의 연인은 보내고, 이제 약함과 상실이 내게 준 일생의 소득을 끌어안아보자. 약해서 기쁘고, 잃어서 행복한 사람의 힘찬 발견과 기쁨의 탄성을 내어보자. 나를 잃은 자 혹은 약한 자로 명명할 것인가, 아니면 발견한 자 혹은 선택하는 자로 명명할 것인가. 내가 나를 무엇이라 명명하건 그것은 내게로 와 꽃이 될 것이다. 오늘 당신의 꽃의 이름은 무엇인가? 약함인가, 선택인가?

벚꽃은 마음을 빼앗고,
역사는 목숨으로 기억된다

———

나는 가끔 산책 삼아 국립현충원에 간다. 봄이 오면 현충원은 벚꽃이 흐드러지게 피어 그야말로 꽃대궐이다. 이름 석 자로 누워 있는 이들이 대부분 씩씩한 기상과 굳은 절개였기에 매화였으면 좋았겠다 싶은 마음이지만, 벚꽃색이 이내 마음을 사로잡는다.

같이 가는 이들이 꽃에 심취해 나무 위에 시선이 가 있는 내내 나는 묘비를 하나하나 읽는다. 1950년부터 시작해 많은 이들이 돌 위에 이름으로 서 있다. 그러나 자세히 보다 보면 묘비 앞면에는 이름과 계급, 그리고 뒷면에는 전사한 해와 장소가 적혀 있다. 누군가는 전쟁이 터지며 이내 목숨이 꽃처럼 떨어졌고, 누군가는 전쟁 중에, 또 누군가는 전쟁이 끝난 후에 끝내 병사(病死)하기도 했다. 그리고 몇몇 묘비는 뒷면이 비어 있다. 대개 뒷면이 비어 있는 묘비는 전투영역지에서도 가장 변두리에 놓여 있다. 그들은 누구일까?

　한국전쟁을 아는 이들이라면 대부분 거제도 포로수용소를 알 것이다. 거제도 포로수용소 유적공원을 가보았는가? 꽤 현대식 건물에 오르막엔 에스컬레이터로 이동을 도와주고, 주제를 가지고 전시관 전체를 다양하게 채워 역사를 눈으로 볼 수 있도록 했다. 가요 〈굳세어라 금순아〉의 역사적 배경이 되었던 흥남철수작전 기념비부터 현대적인 관람방식인 디오라마관으로 거제도 포로수용소의 배치 상황, 생활상, 폭동현장을 생생하게 경험할 수 있도록 재현되어 있기도 하다. 포로생활관에는 당시 제네바협정에 따라 자체적으로 수용소생활을 했던 포로들의 일상생활이 사진과 함께 영상자료로 제시되어 있다. 특히 친공포로들의 폭동과 친공, 반공포로들 간의 격돌장면은 당시의 상황이 얼마나 급박했고, 얼마나 잔혹한 일들이 있었는가를 잘 보여주고 있다. 내 시아버지는 98막사에, 내 아버지는 83막사에 계셨으니 두 분 모두 반공진영, 두 분의 표현에 의하면 '우익'진영에 계셨고 당시의 기억은 내 아버지의 기억으로, 내 시부의 기록으로 생생하다. 좌익의 수장으로 유명했던 이학구가 주도한 당시의 폭동으로 수용소 사령관 F. T. 도드 준장이 포로들에게 납치된 게 5월 6일이었고, 4일 만에 이내 석방되고 이후 한 달 만인 6월 10일에 이 폭동은 무력진압 되었다. 당시 거제에는 피난민에 포로까지 유입되면서 50만에 달하는 인구가 있어 고통의 역사 아래 인구호황기였다. 당시 수용소 생활상을 보니 누군가는 목욕을 하고 있고 누군가는 바둑을 두고 있고 또 누군가는 똥간에서 똥을 누고 있고 다른 누군가는 똥을 퍼 나르고 있다. 그런데 당시 폭동으로 죽은 이들은 누구일까? 당시 목욕을 하던 젊은 등은 누구일까? 똥간에서 똥을 누던 이는 살아있을까? 인상을 잔뜩 쓰며 똥지게로 똥을 퍼 나르던 이들은 이남에 있을까, 이북에 있을까?

　　모두가 기억되는 것은 아니다. 누구도 찾지 않는 묘소를 보면, 그리고 현충원 벚꽃송이보다 더 많은 묘비에 눈이 가지 않는 것을 보면 모두가 기억되는 것은 아니다. 산자의 눈에 만나본 적도 없는 죽은 자의 이름이 무에 그리 중요하겠는가? 속절없는 역사의 회오리 속에 그들의 이름은 먼지가 되어버렸다.

　　그러나 그렇다고 모두가 잊히는 것도 아니다. 누군가 노변에 흙이 되었을 이들의 이름을 묘비에 적어두었다. 그리고 거제도 포로수용소의 기억은 이제 역사공원 속에 남겨져 기억은 기록되었다. 이제 내 시아버지의 기록이 거제 역사의 한 부분을 미장하게 될 것이다. 포로수용소 시절 남긴 4권의 수

기기록들과 공책 사이에 남긴 당시의 홍보물들(대부분 선전 선동을 위한 유인물)을 기증하기로 했다. 거제도 수용소 역사는 매우 적은 부분이나마 더 선명하고 구체적 실제가 될 것이다. 내 시부는 그저 기념하려 기증한다.

기념하려 해야 기억은 먼지로 날아가지 않는다. 잊지 않으려 해야 역사는 간신히 붙잡을 수 있다. 숱한 참사의 시간들이 지나고 지금 꽃피는 오월에 나는 70년 전 전쟁의 유월을 기억한다. 기억하려 해야 기념하게 되고 기념하게 되어야 잊지 않는다. 전쟁은 기록으로 남고 목숨은 기억으로 남는다. 사소한 목숨들을 기억하면 그제야 전쟁이라는 현상이 제대로 보인다. 역사는 거대한 사회 현상이 아니라 사소한 목숨의 기억으로 기억되어야 한다. 어차피 역사도 억겁의 세월 속에서 사소한 기억이니 말이다. 연민을 기념하는 자리가 역사가 되어야 한다. 그제야 현충원의 화려한 벚꽃이 목숨을 기념하는 자리 위로 떨어지는 것을 볼 것이고, 사소한 무명 청춘들의 고귀한 목숨기념비들이 거대한 역사 모자이크를 만들고 있다는 것을 보게 될 것이다. 벚꽃은 마음을 빼앗고 역사는 목숨으로 기억된다.

장미의 이름으로, 지인의 이름으로

―――

"우리는 웃으면서 화를 낼 수 있을까?" 이 말은 유럽의 지성이라 불리는 기호학자 움베르토 에코의 말이다. 우리나라에서는 《장미의 이름》이라는 소설로 잘 알려져 있는 에코는 인류학에 대한 박식함과 기호학의 거장이라는 이름을 두루 달고 시대의 지성으로 존경받는다.

말이 살아있게 하고 언어가 어떻게 인간의 손과 발, 생명을 움직이게 하는지를 보여주는 여러 책을 썼던 움베르토 에코를 필자도 만나본 적은 없다. 그저 책으로 그를 만나고, 책으로 그를 알고, 책으로 그의 정신세계 지도를 읽을 뿐이다. 이렇게 움베르토 에코에 대해 아는 양하지만, 사실 어디에 가서 아는 척, 이른바 식자인 양하기에 그저 안성맞춤인 책들의 저자일 뿐이다. 얼마 전 고인이 된 이 거인의 이름을 그저 유식한 척하거나 두어 마디 어려운 말로 다른 이의 마음을 얻을 때 썼다는 것이 좀 부끄럽긴 하지만, 고인 앞에 그저 고해하듯 고백한다.

실상 매일 만나는 사람들의 이름은 잘난 척할 때는 별 쓸모가 없어서다. 그저 잘난 척을 하려면 유명한 정치인이나 연예인, 방송인, 아니면 이름난 교수나 재벌가의 누구누구 이렇게 말해야 그나마 잘난 척의 면이 선다. 우리가 매일 만나는 사람들의 값은 원래 그리 싼 것인가?

아니다. 아는 사람들의 값이 급상승하는 때도 있다. 급전이 필요할 때, 급히 애 봐줄 사람이 필요할 때, 보증 설 사람이 필요할 때, 아플 때, 결혼식이나 장례식 같은 경조사에 사람이 와야 할 때 등 생로병사와 관혼상제에는 늘 우리가 가장 가깝거나 가까웠던 사람들의 값이 '금값'이 된다. 마치 똥이 마려울 때 화장실 찾는 심정으로 유명인이 아닌 지인(知人)이 절실해진다. 사실 이 사람들처럼 고마운 사람들이 없다. 금값을 기꺼이 내어 똥값처럼 지급하니 참으로 고마울 뿐이다. 금값일 때 자신의 값을 부모라는 이름으로, 친구라는 이름으로, 선후배라는 이름으로, 이웃이라는 이름으로 우리에게 곁을 내어주고, 기꺼이 껄끄러운 일에 함께해주고, 모두가 돌아서는 그 길에 다리가 되어준다.

우쭐용 에코와 비상용 지인들에 대한 무게를 생각해보자. 고인이 된 에코를 거인이라 하듯, 고인이 될 우리를 거인처럼 생각해줄 이도 따지고 보면 유명인이 아니라 지인들이다. 에코가 우리를 알겠는가? 아니면, 역대 대통령이 우리를 알까? 아니면 남진, 나훈아, 조영남, 이미자, 패티킴, 유재석이 우리를 알까? 우리를 알고, 부끄러운 순간에 우리를 외면하지 않고, 우리를 위해 움직이고, 슬픔과 기쁨의 순간에 기꺼이 곁을 내어주는 바로 나를 알고 내가 아는 사람들이다.

주변을 돌아보자. 평생 나를 귀찮게 하는 환갑이 넘은 여동생, 바로 옆에서 환청이 들리도록 잔소리하는 마누라, 무능해 보이는 아들, 나이 먹고도 여전히 징징대는 딸, 숫기 없는 사위, 무뚝뚝한 며느리, 자기 자식 자랑만 하는 친구, 우리 아파트의 까칠한 경비원, 볼 때마다 꼴 보기 싫었던 동창, 같은 교회 못생긴 최 권사와 이 장로, 30년 가까이 같은 절에 다니는 김 보살, 그리고 발에 차이는 동네 늙은 개 덕구, 올해도 꽃이 피는 주차장 벚꽃까지. 나를 밀어내지 않는 사람들, 절실한 순간에 나의 머리가 되고 심장이 되고, 손이 되고 발이 되어주는 바로 그 사람들, 그 개, 그 나무가 바로 영웅들이다.

사랑을 고백할 때 그를 나의 '영웅'이라고 하던가? 우쭐댈 때는 '거인'을 부르지만, 급할 때는 '영웅'이 나타난다. 거인은 호출의 순간으로 그 등장이 끝나지만, 영웅은 역할이 끝난 후에도 여전히 주변을 어슬렁거리며 영웅 역할을 할 때를 기다린다.

우리에게 소중한 것은 무엇인지, 우리의 친구가 누구인지 오늘 손가락으로 꼽아보자. 나를 거절하지 않는 사람은 나를 도울 수 있는 사람들이다. 우리는 에코의 장미의 이름으로 잠시 살고, 지인의 사랑의 이름으로 평생을 산다. 오늘 나의 평생 영웅들을 찾아보자. 그리고 전화도 해보자. 불시에 오는 호출이 기쁘도록 오늘 그 이름을 불러보자. 오빠의 이름으로, 배우자의 이름으로, 아버지의 이름으로, 장인장모의 이름으로, 시부모의 이름으로, 동창의 이름으로, 신앙동지의 이름으로, 동네 늙은 사람의 이름으로, 벚꽃에게 빚진 자의 이름으로 다가가 우리의 영웅 이름을 불러보자.

묵어도 빵이다!

──────

청국장은 구수하다. 잘 자란 콩을 푹 삶아 쟁반에 펼쳐 뜨뜻한 곳에 슬쩍 가리개를 덮어놓고 이삼 일 기다리면 짚이 없어도 끈적한 실이 엉기는 청국장이 된다. 냄새는 당연히 군둥내가 난다. 그래도 그 맛에, 그 냄새에 먹는다. 익다 못해 죽이 될 지경인 묵은지도 그렇다. 김장을 할 때야 이 배추가 다시 밭으로 가지 않나 싶을 정도로 시퍼런 김칫잎도 겨울이 지나고 한두 해 더 계절 맛을 보면 이내 뭉그러지듯 뚝뚝 끊기는 묵은지가 된다. 독에서 꺼내어 먹는 사람이야 모르지만 묵은지 독에서는 늘 군내가 하나 가득이다. 이게 김치찌개나 되면 사라질까 김치 군내가 만만치 않다. 그래도 묵은지는 인기가 좋다.

묵은 빵은 어떤가? 묵힌 김치와 청국장의 군내가 값을 받는다면, 빵의 묵은내는 그야말로 똥값이다. 빵집에서 당일 미처 다 팔지 못한 빵은 말 그대로 땡처리다. 심지어 그다음 날 이른 아침 끼니를 거른 손님들을 위해 어제 남은 빵을 팔 때에도 주인장 얼굴에는 미안한 기색이 가득하다. 어제의 빵과 오늘의 빵은 그 냄새와 질감, 그리고 그 기분마저 다르다는 걸 누구보다 잘 아는 이가 주인장이기 때문일 것이다.

우리는 묵은지일까, 청국장일까, 묵은 빵일까? 묵은지나 청국장이야 젊은이들도 후루룩거리며 먹는 식사 아이템일지 언정 묵은 빵은 소화력과 비위 좋은 젊은이들도 영 별로다. 그럼 묵은 빵은 누구 입으로 들어가나?

묵는다고 다 좋은 건 아닌 걸 알고 있지만, 묵은 빵은 판매하는 봉지마다 쭈글거린다. 누군가 만지작거리다가 내려 놓은 흔적들이 가득하고, 선택될 직전까지 갔지만 결국 선택받지 못한 이 빵의 운명은 매장 구석 떨이코너다. 빵이 입이 있다면 이리 말하겠다. "이런 청국장! 이런 묵은지!"

욕이야 말자 싶지만 어느새 시간은 우리를 땡처리 코너로 데려가고, 구석에 수북이 쌓인 묵은 빵 봉지나 그 빵을 싼 값에 집는 노인의 손이나 쭈글거리긴 매일반이다. 우리는 어느새 구석, 그 가고 싶지 않았던 코너에 가 있게 된 걸까. 숱한 빵 중에 묵은 빵을 집어 드는 것은 오랜 절약 습관이라기보다는 수중의 지갑 두께 때문일 것이다. 그나마 코너에 쌓여 있는 묵은 빵마저 들었다 놨다를 반복했다가 아쉬운 표정으로 빵집을 빈손으로 나섰을 더 많은 노인들을 생각하면 그나마 이 빵 봉지를 들고 카운터로 가는 우리는 좀 나은 편일 것이다.

그러나 묵은 빵이라고 다 같은 신세겠는가? 누군가의 손에 들어가면 그냥 입에 꾸겨 넣는 메마른 밀가루 제품이겠으나, 또 다른 누군가의 손에 들어가면 묵은 빵은 다시 작품으로 살아난다.

묵은 빵 봉지를 풀어 빵의 알몸을 쏙 꺼내고 나서는 자르고 다듬어 달걀을 입히고, 설탕을 뿌리고, 기름을 두르고 살살 돌려가며 구워내면 천상천하 유일한 브런치가 완성된다. 큼직한 접시에 차와 함께 내면 그야말로 폼 나는 브런치다. 우아하게 한 상 차려내면 어린 손주나, 새침한 며느리나, 무관심했던 남편도 달려들어 서로의 순서를 노린다. 모두를 위한 유니버설 식탁이 마련된 셈이다.

노인들은 묵은 빵 같다. 사실 생산시장 떨이코너에 있는 것이 사실이고, 없는 이들도 선택을 주저하는 빵 신세가 맞다. 그러나 기억하자, 묵어도 빵이다! 아직 먹을 만한 빵이다. 누가 이 빵을 어떻게 새로이 정련해 괜찮은 삶의 접시에 올려놓기만 한다면 세대가 탐내는 빵이다. 묵은 빵을 집어 드는 노인의 손이 묵은 것을 새것으로 만들고 모두의 소망으로 만들어내듯, 노인은 노인이 대접하자. 서로를 선택해주고, 돌봐주고, 새로운 이름표를 붙여주고, 서로를 작품으로 만들어주자. 그래야 손주도, 며느리도, 사위도, 아들과 딸도, 그리고 늙을 준비를 하는 세상의 모든 생명이 소망하는 생명빵이 된다.

옛 노래 중에 이런 가사가 있었다. "너와 내가 아니면 누가 지키랴!" 이제 서로가 생명빵이 되도록 나이 들어가는 이들이 서로를 지키자. 채 세련되지 못하다 해도 최선을 다해 서로에게 생명을 불어넣고, 격려를 아끼지 말고, 기꺼이 함께하자. 그렇게 생명빵은 묵은내와 구겨진 봉지에서 시작하여 세대의 입과 몸을 통과하며 성장과 감사라는 세포분열을 통해 새로운 생명을 낳게 될 것이다.

세상 좋아졌다는 말은 참이다

———

콜라를 마셔본 사람은 모두가 그 톡 쏘는 맛과 시원한 트림을 알 것이다. 어떻게 콜라 같은 음료가 나왔을까? 다른 모든 탄산음료를 통틀어도 콜라처럼 사람의 횡격막을 들었다 났다 하는 음료는 없을 듯싶다. 예전에는 그저 냉차였다. "시원한 냉차요~!" 그 옛날 동물원에 갈 때마다 번데기 한 봉지에 냉차 한 잔이면 그만이었다. 그러나 콜라가 식도를 넘어오는 순간 냉차는 자취를 감추었다.

그리고 어느 순간엔가 인터넷이 전 세대의 눈과 귀가 되는 세상이 되었다. 너무 순식간이었지만, 인터넷을 잘하는 사람은 시대를 읽는 사람처럼 인식되었고, 아날로그식 돋보기를 가까이 들이대던 신문은 슬슬 그 자리를 내어주고 있다.

인터넷, 그 놀라운 세상에 들어서면 다시는 이전 세상으로 돌아가기 어렵다. 손가락을 몇 번만 움직이면 온갖 정보가 내 눈 속으로 들어오고, 국내외의 모든 소식과 정보를 전할 뿐 아니라 심지어 그 소식을 우리말로 바로바로 번역까지 해주니 잘만 쓰면 그야말로 대뇌, 소뇌가 꼬물거리고 시신경이 방전상태가 되도록 보게 된다. 인터넷이야말로 3차원에 있는 우리를 4차원으로 데리고 간다. 컴퓨터 전원이 켜지고 스마트폰 화면이 켜지는 때가 곧 4차원의 문이 열리는 순간이라 하겠다.

보다시피 더 이상 냉차를 파는 곳은 없다. 그리고 주간·석간 다 해도 신문보급소도 점점 줄어들고 있다. 익숙한 것, 기억을 차지하고 있던 것들이 줄줄이 줄어들고 있는 셈이다. 어디 냉차와 신문뿐이랴! 트랜지스터라디오는 박물관에나 가야 볼 수 있고, 흑백필름을 사려면 당최 어디로 가야 하는지도 모른다. 집에 굴러다니던 주판도, 머리에 올렸던 똬리, 등잔불이나 부싯돌도, 곱게 머리를 빗었던 참빗도, 새해가 올 때면 늘 만들거나 샀던 복조리도 이제는 찾기 힘들다. 지금까지의 추세를 보면 앞으로도 익숙했던 것들이 더 드물어지는 세상이 될 것이 분명하다. 아쉽고 그립다.

그러나 가만히 생각해보면 우리의 어린 시절에도 과거에 쓰던 것들은 계속 없어지고 있었다. 나막신이며, 족두리며,

갓이며, 군지(물병) 등 많은 물건이 새로운 것들로 대체되거나 어느새 없어졌다. 그리고 어른들로부터 그런 게 있었고 용도가 뭐였는지를 들었다. 지금이나 이전이나 늘 무엇인가는 없어지고 늘 새로운 것이 생겨났다. 그리고 우리는 새로운 것을 선택했다. 그러고 보면 세상은 그 소재만 다를 뿐 같은 주제를 반복하고 있는 셈이다.

아쉬움과 섭섭함은 짜릿함과 편리함에 곧 그 자리를 내어준다. 냉차와 신문이 콜라와 인터넷에게 자리를 내어주듯 말이다. 이 글을 읽는 이 시간에도 우리 옆에는 쌍화차 대신 커피가, 유선전화 대신 무선휴대폰이 있을지 모른다. 우리는 짜릿함과 편리함을 통해 아쉬움과 섭섭함을 읽고 보는 셈이다. 충분히 짜릿하고 충분히 편리할 때 우리는 기억을 더듬는다. 노년이 기억을 양식으로 삼는다고 했는가? 맞는 말이다. 노년처럼 과거를 가지고 현재를 이토록 즐길 수 있는 때가 있는가? 가장 오랜 기억들을 가장 최신의 편리 속에서 느끼는 그 짜릿함! 문명은 어쩌면 노년을 위해 준비된 선물 같은 것이라는 생각이 든다. 해가 지날수록 기억은 쌓이고 기억의 부피가 커지면 커질수록 현재의 편리는 더 좋은 것이 된다.

새해가 시작되면 작년이 올해로 대체된다. 이제 다시 가장 편리한 새해를 맞으면서 우리는 작년을 기억 속에 추가하게 된다. 한해의 기억이 더 쌓였으니 더 커진 기억으로 현재는 더욱 짜릿해지고, 더 편리해질 것이다. 콜라의 짜릿함이, 그리고 인터넷의 편리함이 어디 이 경험만 할까! 그래서 어르신들은 한결같이 말씀하신다. "세상 정말 좋아졌다! 옛날엔 상상도 못했다!"고. 그 말은 참말이다!

홍시가 그립다

———

생각이 난다 홍시가 열리면 울 엄마가 생각이 난다
자장가 대신 젖가슴을 내주던 울 엄마가 생각이 난다
눈이 오면 눈 맞을새라 비가 오면 비 젖을새라
험한 세상 넘어질새라 사랑땜에 울먹일새라
그리워진다 홍시가 열리면 울 엄마가 그리워진다
눈에 넣어도 아프지도 않겠다던 울 엄마가 그리워진다

이 노래는 요즘 활동이 뜸한 나훈아의 〈홍시〉이다. 목숨
까지 내어줄 것 같은 엄마에 대해 간절한 그리움으로 부르는
아들의 노래다. 그러나 요즘 이런 노래는 한물갔다. 그리움을
노래하기는커녕 〈불효자 방지법〉이 운운되는 시대이다. 사전

증여를 마치고 나서 부모를 나 몰라라 하거나, 부모 중 한쪽이 돌아가신 이후 유산 분배 과정에서 남은 부모를 모신다는 명목하에 부모의 재산을 차지하고 나중에 나 몰라라 하는 일명 '나쁜 자식 방지법'인 셈이다.

이런 얘기가 신문지면을 오르내리니 많은 부모들은 재산을 베개 밑에 넣고 죽겠노라고 선언하고 있다는 말이 여기저기서 들린다. '나쁜 자식'들로 상속 빈곤층이 되느니 차라리 입맛 다시는 자식들을 부모들이 먼저 나 몰라라 하겠다는 말이다. '나쁜 자식' vs. '성난 부모'의 대결상이다.

이게 무슨 모양새인가? 도대체 왜 이런 세상이 됐는가? 현상을 중심으로 원인을 살펴보면 사회가 변해도 너무 변해서이고, 이전 사회의 선순환 구조가 끊어져 생기는 일이다. 이전 사회, 즉 농경사회를 바탕으로 한 경제연속사회에서는 부모가 자식을 기르고, 장성한 자식은 부모를 섬기고, 그의 부모는 자식에게 곳간 열쇠를 넘기고, 그 곳간을 열어 이가 다 빠져버린 부모에게 홍시를 드렸던 것이 얼마 전이었다.

지금 이 전달구조는 끊어졌다. 아들은 더 이상 아버지의 직업을 이어받지 않으며, 떨어져 사는 부모는 자식 얼굴 보기가 하늘의 별 따기가 됐다. 곳간 열쇠 같은 집과 인감도장을 넘겨주니 다 팔아먹고 외국으로 '먹튀(먹고 튀기)'를 하고, 이런 자식을 법정에 고소해 다시 먹은 재산을 토해내라고 하는 시대가 온 것이다.

선순환의 구조가 끊어지고 악순환의 구조 속으로 들어가 버렸다. 서로를 신뢰하고 돌보는 것이 아니라 서로를 물고 뜯는 이 비극은 주로 전쟁 통에서나 있을법한 일이다.

해방 70주년이 지나고 한국전쟁도 끝나 경원선 복구가 논의되고 남북의 대화 창이 다시 그 거미줄을 걷으려는 이 시점에 사회는 화합으로 가고 가족은 분열로 가고 있으니 이 무슨 일인가.

민족이 찢어졌다고 울었던가? 남북이 갈라졌다고 울었던가? 찢어진 민족이 만나려고 한다. 갈라진 남북이 서로 어울리려 한다. 이 와중에 가족은 찢어지려 하고 세대는 갈라지려 한다. 어머니가 주시는 언 홍시가 그립다. 그리고 언 홍시를 어머니께 드리며 노래를 부르는 아들이 그리운 세상이 됐다.

흰 양복에 흰 구두, 그리고 흰 치아가 빛나던 한 시대의 스타 나훈아의 노래를 아들들이 부르는 날이 오길 고대해본다. 딸들이 그 노래를 부르는 날이 다시 오길 기대해본다. 선순환의 끊어진 고리는 단단한 무쇠 같은 차가운 법이 아니라 녹아서 입가에 흐르는 홍시, 세대 간 심정에 있다. 홍시가 그립다.

무자식 상팔자, 유자식 상팔자

———

한 케이블 방송에서 〈유자식 상팔자〉라는 프로그램이 인기였다. 그러나 옛말에 '무자식 상팔자(無子息上八字)'라 했다. "자식이 없는 것이 가장 편하다"라는 이 말은 중국 요임금이 화라는 고장을 여행할 때 국경지기와 나누었던 대화에서 비롯된다.

한사코 장수, 부귀, 아들을 많이 두시라는 축복과 기원을 받지 않겠다는 요임금에게 국경지기가 "장수와 부유함과 아들이 많음은 누구나 다 바라는 바인데, 임금님만 그것을 유독 바라지 않는다니 어찌된 일입니까?"라고 질문한다. 그러자 요임금은 "아들이 많으면 걱정도 많아지고, 부자가 되면 귀찮은 일도 많아지고, 장수하면 못 볼 일도 많이 보게 되기 때문입니다. 이 세 가지는 무위의 참된 덕을 키우기 위한 것이 못 됩니다. 저는 사양하겠습니다”라고 답한다.

참 알 수 없는 일이다. 장수와 부귀 그리고 아들이 많은 것이 진선미였던 시대에 참으로 고개를 갸우뚱하게 하는 말이다. 그리고 천 년의 세월이 지나 요즘은 '유자식이 상팔자'인 세상이 되었다. 참 이상하지 않은가? 자식이 삶의 목적이자 근원이자 유일한 희망이었던 그 옛날엔 '무자식이 상팔자'라 하고, 자식이 부모를 버리고 나 몰라라 하며 학대하기도 하는 이 시점엔 '유자식이 상팔자'라 하니 무슨 조화인가?

요나라 임금의 이야기 '무자식 상팔자'는 《장자(莊子)》〈천지(天地)〉편에 나오는 말로 “아들이 많으면 두려움이 많다(多男子則多懼)”라는 말에서 비롯된 것이다. 실상 당대 신념으로라면 “아들이 많으면 좋은 팔자다(戊子息上八字)”라야 맞을 것이다. 그런데 이런 시대와 걸맞지 않은 이야기가 나온 이유는 뭘까? 이는 당시 아들이 많을수록 정쟁에 휩쓸리거나(요임금의 경우) 숱한 전쟁에서 죽을 아들(백성의 경우)에 대한 두려움이 많았기 때문이다. 잃을 것에 대한 두려움, 그것이 아들이 많은 것[戊子]보다는 아들이 없는 것[無子]이 낫다는 말로 당시 두려움의 시선을 돌리게 했다. 요임금 시대의 분위기가 역설로 드러난다.

그리고 이제 천 년의 세월이 지난 지금 뉴스에 '천지개벽

(天地開闢)'할 일들이 가득해지면서 우리는 하나 혹은 둘뿐인 귀한 자식들이 부모를 해하거나 천륜을 저버리는 일들을 만나게 되었다. 그럼에도 〈유자식 상팔자〉라는 프로그램이 큰 인기를 얻었다. '자식이 있어 인생이 기뻐진다'는 의미인가? 자녀가 부모에게 반말을 일삼고, 부모를 학대하거나 죽이기도 하는 일들이 연일 보도되는 세상, 혀를 찰 일들이 가득한 이 시점에 유자식이 상팔자라니 말이다. 오히려 지금이야말로 무자식이 상팔인 시대 같은데 말이다. 그러나 잘 보면 이 또한 시대의 역설이다.

자식이 많은 세상에서 자식을 잃고 싶지 않은 부모의 간절함이 요나라에 있었다면, 자식이 귀한 세상에서 자식의 사랑을 받고 싶은 부모의 마음이 바로 지금 시대의 간절함이 아닐까? 때로 역설은 더 간절히 우리의 두려움과 바람을 드러낸다. 자녀가 유일한 희망이고 삶이었던 시절에 회자된 '무자식 상팔자', 그리고 자녀의 혹독한 냉대 속에서도 보게 되는 '유자식 상팔자'. 두 가지 모두 과거나 현재나 자식을 통해 희로애락을 호흡하는 부모들의 한결같은 그리움과 소망의 읊조림이 아닌가 싶다.

자녀들이 부모의 그리움을 읽고 소망을 보는 날만을 간절히 기다리는 부모들은 그 읊조림으로 자녀들의 방문을 손꼽아 기다린다. 부모들의 그리움과 소망은 사랑의 다른 이름이다. 그렇기에 부모들에게는 '무자식 상팔자'이고 '유자식 상팔자'이다.

hope 한잔. 38×68cm, 장지에 채색, 2013. ⓒ 김난.

아니 노지는 못하리라

우리 가요 중에 황정자가 불렀던 〈노랫가락 차차차〉라는 곡이 있다. 1954년에 만들어지고 1963년 편곡돼 큰 인기를 끌었던 이 노래의 가사를 보면 참으로 흥미롭다.

노세 노세 젊어서 놀아 늙어지면은 못 노나니
화무는 십일홍이요 달도 차면 기우나니라
얼씨구 절씨구 차차차 지화자 좋구나 차차차
화란춘성 만화방창 아니 노지는 못하리라 차차차 차차차

요는 늙으면 못 노니 젊을 때 놀자는 말이다. 놀이는 젊은이의 전유물이라는 생각은 현대를 넘어오면서 어쩌면 이 노래에서 기인한 생각인지도 모르겠다. "꽃이 만발한 한창의 봄"을 일컫는 '화란춘성', "봄날에 온갖 생물이 나서 자라 흐드러진다"는 뜻의 '만화방창'은 모두 젊음의 다른 이름들이다. 정말 늙어지면 못 노나?

현대 노년이 어렵다고 말하며 꼽는 네 가지 고통이 '빈고(貧苦)', '병고(病苦)', '무위고(無爲苦)', '고독고(孤獨苦)'이니 위 노랫말이 맞는 말인지도 모른다. 아프면 놀 수 없고, 병들면 놀 수 없고, 놀 일이 없으면 놀 수 없고, 혼자 있으면 놀기 어려우니 그야말로 청춘에 아니 노지는 못하리라.

'놀다'라는 말은 놀이나 재미있는 일을 하며 즐겁게 지낸다는 말이다. '놀이', '재미', '즐거움'이라는 단어와 연결하자면 한자어 '여가(餘暇)', 영어 '레저(leisure)'라는 말과도 이어진다.

물론 여가라는 말이 우리말의 '짬'과 연결되기도 하지만, '짬'보다는 여가가 좀 더 긴 시간적 길이가 느껴진다. 물론 북한에서는 '여가'나 '레저'를 '짬'으로 표현하고 있긴 하다. 일단 여가의 사전적 정의를 보면, "인간의 생물학적 생존이나 사회적 생존을 위해 필요한 시간, 즉 직업상의 일과 노동, 식사, 수면, 생리작용 등에 쓰는 시간 이외의 한가한 시간 혹은 자유로운 시간"을 말한다. 그런 면에서 사람에게 여가란 얼마나 중요한가!

인간은 평생 배우고 일하고 쉬겠지만 우리는 청년시절까지 대부분의 시간을 학교에서 보내고, 중년시절 대부분은 일로 채우고, 노년기 대부분은 주로 여가에 가까운 삶을 살게 되니 말이다. 나이가 들수록 교육보다는 점차 일과 여가에 비중이 커진다. 더 많은 시간과 에너지를 일에 쏟다 보면 어느새 나이가 들고, 노년은 곧 여가와 동의어가 된다.

사실 우리나라 노인들처럼 82.4%가 TV만 보는 현실에서 여가는 '실직', '무능', '퇴물', '빈둥거림', '삼식이'와 거의 동의어처럼 쓰인다. 특히 남성들에게 여가는 '고통스럽고도 끝나지 않는 휴가'이다. 평생 일을 찾아다녔고, 일로 시간을 보냈으며, 일로 성취를 경험했던 사람들에게 여가는 매우 낯설고 그 시간적 공백을 메운다는 것은 고문에 가까운 일이다.

지금의 청춘들이 밤낮 달리는 경부고속도로의 아스팔트를 깔았던 세대는 새마을운동 모자를 쓰고 그저 일만 있었으면 좋았던 가난의 세대였고, 테헤란로 마천루의 주역들인 베이비부머들은 민주화를 통과하며 경부고속도로 위를 달리는 국산 자동차들이 상습정체를 이루도록 자동차를 생산하고 수출한 세대들이었다.

가난의 세대는 가난해서 못 놀았고, 생산과 수출의 세대는 바빠서 못 놀았다. 평생 가난하고 바빠서 놀지 못했던 이 세대들이 지금 노년을 살고 있다. 고기도 먹어본 사람이 먹는다고 했던가? 아끼는 습관이 몸에 배어 50년 넘은 빨랫방망이를 못 버리는 할아버지 세대가 여가를 위해 돈을 쓸 수 있을까? 늘 바쁘기만 해 야근을 밥 먹듯 하고 은퇴해 삼식이로 불리는 아버지 세대는 누구와 놀 수 있을까?

'놀이'를 고민해보자. 일하듯 아이 낳듯 '놀이'를 생각해보자. 뭘 하고 놀지에는 답이 없다. 다만 시도 때도 없이 놀 수 있는 '꺼리'를 찾아야 한다. 모든 글이 생각을 주고 모든 문제는 답을 첨부한다. 이 글은 숙제를 주고자 한다. 나만의 '놀이'를 적어보자. 꼭 해보고 싶었던 그 놀이를 일단 적기만 한다면 아니 노지는 못하리라!

호모 파반스, 이야기하는 인간

———

따스하고 건강한 이야기들을 들으면 마치 추운 날 먹는 팥죽 같고, 더운 날 먹은 아이스크림처럼 가슴의 온도가 조절된다. 어린 시절이야 콩쥐가 있고, 심청이 있어 우리의 가슴에 권선징악이라는 도덕의 온도와 회복이라는 인간적 시력을 되돌려주곤 했다. 나이를 먹으니 세상에서 들어오는 소리는 흉흉하고 또 듣고 싶지 않은 고약한 소리도 많아졌다. 과거에야 할머니의 입과 엄마의 수다가 모든 소식의 창구였으나, 수많은 미디어가 가득한 이곳은 거의 소리지옥이다.

요즘 들어본 소식들은 대부분 사건사고로 누가 누구를 죽였는데 매우 계획적이더라, 부모가 자식을 죽였더라, 성폭행과 무딘 법의 방망이 이야기로 가득하다. 들은 것은 그림이 되고, 그림은 다시 움직이며 일상의 씨줄과 날줄이 되어 불안과 두려움이라는 옷을 짜낸다. 그래서 그런지 사람들은 서로 의심하고, 서로 고통을 주며, 심지어 처음 본 사람에게 흉기를 휘두르고도 죄책감이라는 단어가 무색한 표정을 하고 TV 화면을 가득 채운다. 그리고 화면 다음에는 화면에 대한 사람들의 눈빛과 평가가 이어진다. 보이는 눈빛과 들리는 평가 이후 사람들의 공포와 두려움은 더욱 강화된다. 마치 공포영화 한 편을 본 것처럼 후들후들 떨면서 심장을 쓸어내린다. 이제는 일부의 이야기, 남의 이야기가 아니라 다음번 희생자는 내가 될 수도 있다는 생각에 사람들의 일상 자체가 공포영화다.

《콩쥐 팥쥐》는 그렇다 치고 《장화홍련》은 꽤 무서운 이야기다. 그러나 오들오들 떨면서 들어도 끝은 권선(勸善)이고, 징악(懲惡)이 되고, 해피가 엔딩이 되는 스토리다. 21세기 일상의 공포는 권선도 아니고, 징악도 아니며, 해피한 엔딩도 없다. 그저 '사건사고'이고 '뉴스'일 뿐이다. 물론 20세기에 잔혹사건들이 없었던 것은 아니다. 그저 드러난 것들이 좀 더 많을 뿐인 것이 범죄학자들 이야기를 들어보니 인류는 19세기보다 20세기에 범죄가 더 줄었고, 20세기보다는 21세기에 더욱 범죄율이 줄었다. 그러고 보면 우리는 매체가 많아 더 듣고, 미디어가 우리를 더 세게 흔들기에 좀 더 두려워하나 싶기도 하다.

문제는 모든 사회에는 사회를 유지하기 위한 중요한 도덕률이라는 게 있고, 대개는 이런 도덕률이 사람들을 안심시키고 불안을 감소시키는 데 중요한 역할을 한다. 그리고 인류와 함께 이어온 이야기 속에 면면히 녹아 사람들에게 구전과 민담으로, 동화와 노래로 이어져 민중의 마음속에 심긴다. 그렇게 이야기는 할머니와 어머니의 소리를 통해 불안을 줄이고 도덕률로 가슴울타리를 치도록 한다.

이야기가 사라진 시대, 소리만 남은 시대를 산다는 것은 어떤 것일까? 인간은 늘 이야기 속에서 시작하여 이야기로 끝을 맺었다. '태어났다'라는 것이 이야기의 시작이고, '그렇게 죽었다'가 한 인간의 이야기의 마지막이다. 인간은 자신의 이야기를 써가며 타인의 이야기를 듣고, 전해들은 이야기를 전달하며 다음 세대를 만난다. 그래서 우리는 '호모 파반스(Homo Farbans, 이야기하는 인간)'이다. 그런데 이야기의 핵심은 무엇인가? 소리인가? 아니다. 이야기에서 소리는 그저 내용을 담는 그릇일 뿐이다. 그런데 내용은 없고 그릇만 남은 것을 이야기라 할 수 없을 것이다.

우리는 언제부터 이야기를 잃었다. 어느 시점인지 모르겠다. 할머니의 소리가 끊기고 TV 소리가 나기 시작하면서인 것 같다. 할머니 할아버지의 몇 개 되지 않은 이야기에 비한다면 TV에는 세계의 모든 이야기들이 숨이 차도록 가득하다. 그럼에도 놀라운 것은 몇 개 되지 않는 뻔한 할매 할배의 이야기는 시간이 지나고 세대가 거듭되어도 들리는데, 어째 그 정교하게 손질된 TV 이야기는 몇 분만 지나고 나면 거짓말처럼 사라지는가 말이다. 참으로 놀랍고도 까무러칠 일이다. 정교한 것이 짧고, 엉성한 것이 길다. 적은 것이 길고, 많은 것이 짧다. 무엇이 이런 역설을 만들었는가?

소리만 남은 껍데기와 소리가 담는 이야기의 차이다. 할머니의 뜨거운 입김이 있는 이야기, 할아버지의 뜨듯한 무릎 위에서 들은 이야기, 아버지의 팔베개를 하며 들은 이야기, 엄마의 치맛자락을 붙들고 들었던 이야기에는 안정감, 위로, 긴장, 끌어안음, 붙잡음, 같이 소리 지르기가 있었고, 같은 이야기를 두 번 세 번씩 들어도 다른 이야기처럼 들리는 신비한 전달의 힘이 있었다. 그저 소리가 아니라 온도라서, 그저 스토리가 아니라 사랑이라서 이야기는 이어지고, 온도라서 다시금 찾아 들어오게 하는 힘이 있었다.

팥쥐가 콩쥐가 되는 그날까지 이야기는 계속된다. 악이 선이 되고, 새드 스토리가 해피 엔딩이 되도록 우리의 이야기는 이어진다. 나이가 들면서 주변에서 고약하고 끔찍한 이야기가 많이 들리면, 그땐 우리가 들은 이야기를 아이들에게 전할 때가 온 것이다. 뉴스마저 고약한 요즘이 바로 그때이다. 우리가 콩쥐와 팥쥐를 다시 불러오자. 장화와 홍련을 소환하

자. 해와 달을 남매에게 안겨주자. 호랑이에게 담배를 물려주자. 수수밭에 다시 호랑이를 주저앉히자. 우리가 입을 열어야 아이들은 소리와 이야기가 있는 곳으로 들어온다. 사랑을 찾아 들어온다.

[제2부]
꼰대가 되지 않는 방법

애매한 상태. 41×53 cm, 장지에 채색, 2013. ⓒ 김난.

우리를 꼰대라고 부르는 너희들에게

3포 세대니 5포 세대니 해도, 살기 어렵다 해도 젊은이 늬들은 오천 원이 넘는 커피는 잘도 마시는 것 같다. 그 비싼 '따아(따뜻한 아메리카노)'라는 거를 줄여서 마시며 인생을 고뇌하는 20대의 고민이라지만, 우리끼리는 가끔 "요즘 애들은 할 것 다 하면서도 저런다. 우리 때는 ……" 뭐 이런 말이 많아진다. 그리고 우리도 딱 여기까지만 하려고 했고, 그 뒤로 혀를 차는 일장 연설을 시작하려고 했던 것도 아닌데, 우리더러 '꼰대'라고?

    '꼰대'란 왕년에 선생님이나 아버지의 깐깐한 특성을 두루 아우르는 말이었지. 하지만 지금은 '꼰대'라는 말이 '아재'의 상대어쯤으로 사용된다며? '아재'라는 말이 그나마 젊은 세대와 통하려고 썰렁한 유머라도 기꺼이 꺼내어보는 중년 이상 올드보이들의 피나는 노력을 상징하는 단어가 되었다더라. 그리고 '꼰대'는 여전히 고집불통에 소통을 하자 했더니 호통을 치는, 전형적인 반(反)청년 친(親)노년의 무모한 세대의 상징처럼 되어버린 단어라던데. 세상에 언제부터 이런 일이…… 쯧쯧쯧!

얼마나 세월이 흘렀다고 몇 년 만에 단어는 늙어 그 생명을 다하고 금세 다른 말이 되어버리는 건지. 이런 말의 변화를 보면서 어쩌면 요즘은 말이 우리네 노년보다 더 적응을 빠르게 하는지도 모르겠다는 생각이 든다. '개취존' 이게 뭔 소린가 들어보니, '개인 취향 존중'이라며? 도무지 알 수 없는 조각의 말들을 늘어놓고는 알아들었다고 낄낄대는 늬들 보며 왕년에 우리도 '아더매치유비졸' 했다고 말하고 싶지만, 이미 외계어이더라. 그리고 너희들 말로 뭐라고 낄낄대며 말하고 우리에게는 도무지 설명하지 않는 이유는 뭐냐! 정말 '아니꼽고, 더럽고 메스껍고 치사하고 유치하고 비위 상하고 졸렬'하다. 물어도 대답 없으니 우리도 화가 나고, 알려주어도 대충 알려주니 우리도 열 받는다. 그러니 좋은 소리 나갈 리 만무하다.

좋다. 꼰대의 시작이 어디부터인지 따져보자. 늬들이 먼저 무시했는지, 아니면 우리가 먼저 억눌렀는지 말이다. 우리도 답은 안다. 우리도 했고 늬들도 했으니 최소한 정당방위다. 빠르다고 너무 그러지 마라. 많이 살았으니 우리더러 참으라는데, 안 참으면 무조건 꼰대냐? 너희야말로 더 많이 배우고, 더 빠르고, 더 입을 씰룩대니 너희들이 좀 참아라. 왜 늙은 우리더러만 참으라고 하냐!

늙는 게 서럽다. 이미 귀밑머리가 희어가는 아들놈이 돈 좀 번다고 무시하더니, 이제는 이마에 피도 안 마른 손주 뻘 되는 놈들이 우리를 밀치고 무식하고 꽉 막혔다고 대놓고 무시한다. 우리도 할 말 많다. 입이 없어서가 아니고, 단어가 부족해서도 아니고, 그저 늙으면 입 닫고 지갑 열라는 선배들 말 하나에 침묵할 뿐이다. 누가 너희더러 전쟁 겪으라더냐, 누가 너희더러 월남전 갔다오라고도 안 한다. 전쟁 겪고 월남전 갔다 와서 좀 좋은 나라 만들어보자고 했지만, 그때나 지금이나 사람이 혼자 뭘 할 수 있는 줄 아냐? 우리도 가족이 가자는 대로, 사회가 이끄는 대로, 국가가 제안하는 방향으로 갔을 뿐이다. 우리와 너희는 무엇이 다르냐?

너희는 엄마 말 듣다가, 선생님 말씀 듣다가, 애인 말 듣다가, 상사 말 듣고 그냥 살지? 젊음아, 우리도 너희랑 똑같이 살았다. 우리도 엄마 있고, 우리도 선생님 있고, 우리도 애인 있었고, 우리도 상사랑 한판 뜨면 멋있어 보이고 그랬다. 젊고 늙음, 그 하나로 나는 틀리고 너는 옳다고 말하지 마라. 우리도 감정 있고, 섭섭하다. 우리보고 후지다고 말하는데, 우리는 없어서 굶기도 했지만, 국수집 앞에서도 없으면 그냥 아끼고 덜 먹었다. 너희는 카드빚 내어 스파게티인가 서양국수 먹고, 그 카드값 늬들 부모가 내는 일도 허다하더구만! 우리보고 잘못된 결정을 해서 지금 이 모양이라고 하는데, 늬들은 입 모아 '결정장애'라며! 다른 사람이 '좋아요'를 선택해주기를 기다리는 것보다는 잘못되더라도 내가 선택하는 게 나은 거 아니냐? 우리더러 이렇다 저렇다 말 많은데, 못나 보이고 개떡같아 보여도, 이게 우리의 최선이다. 우리가 쏟은 청춘의 물로 성장한 나무의 열매로 즙을 내어 늬들이 주스 먹는 거잖니. 너무 그러지 마라. 늙을수록 나도 모르게 서러워지는 걸 어쩌냐. 너무 뭐라 하지 말고, 우리를 좀 봐주라. 우리도 너희 봐주면서 할아버지, 할머니라는 명함으로 살았잖니. 우리도 섭섭하다. 그리고 화가 머리끝까지 나고…… 잠깐, 이러면 꼰대인 건가?

노인들의 진짜 욕망은 따로 있다

──────

"세상은 보기에 최고의 시대일 수도 있고 최악의 시대일 수도 있다." 찰스 디킨스의 말이다.

이 말은 지금의 노년들에게도 그대로 적용될 수 있다. 단군 이래 가장 많은 노인들이 살고 있고, 동시에 역사 이래 가장 많은 노인 문제에 직면해 있으니 말이다. 뉴스마다 노인들의 강력범죄를 연일보도하고 노인들의 자살을 숨 쉬듯 말한다. 그리고 그 끝은 항상 "노인 문제 해결이 시급하다"이다. 어떻게 풀 수 있을까?

내가 하는 일은 노인의 문제를 듣고 노인의 욕망을 읽는 것이다. 그러다 보니 노인 개인의 문제를 분석하고 노인 관련 사회문제에 골몰하는 경우가 많다. 물론 내가 고민한다고 해서 노인 문제가 바로바로 해결되지는 않는다.

그러다 보니 왜 문제해결을 고민해야 하는가 하는 생각이 들곤 한다. 노년의 욕망을 사전에 읽고 이들의 감정에 호소한다면 이것이 훨씬 나은 일 아닌가?

사람들은 노인들을 늙은 사람이라고 말하지만, 사실 노인들은 여전히 뜨거운 가슴으로 일상을 살고 있다. 노인들이야말로 이 시대 누구도 알지 못하는 존재의 이유를 가지고 있다는 말이다. 이 뜨거운 존재의 이유가 바로 '욕망'이다. 욕망! 여전히 노인들의 심장을 두근거리게 하고 굽은 손을 꼭 쥐게 하는 말이다. 이 사회가 노인 문제를 말하지만, 정작 노인 문제를 해결하고자 한다면 '노인의 욕망'을 읽어야 비로소 해법의 열쇠를 쥐게 될 것이다. 그럼 노인들의 어떤 욕망에 호소해야 하는 걸까?

많은 사람들은 노년의 문제는 결국 건강과 돈에 귀결된다고 말한다. 그러나 노인들에게 좀 더 구체적인 질문을 해보면 노년의 욕망은 오히려 건강과 돈 이외의 것에 집중된다. 어떤 이는 다른 사람에게 영향을 미치고 싶어 하고, 어떤 이는 상황을 통제하고자 한다.

또 어떤 노인들은 재미를 찾아다니고, 어떤 노인들은 소속을 찾아 질주한다. 즉 건강과 돈 자체가 노인들에게 본질적인 욕망은 아니라는 것이다.

여전히 노년들을 위한 방송은 건강에 집중되어 있고, 아직도 노년들의 노후준비는 돈에 집중되어 있으나 정작 주변을 보라. 문제를 일으키는 노인들은 건강이 필요해서 범죄를 저지르는 것이 아니고, 돈이 준비된 노인들도 고통스러워하니 말이다. 그러니 늘상 해오던 노년에 대한 이 두 개의 담론은 더 이상 먹히지 않는다. 수십 년을 통과하며 지루하게 반복된 이 노인에 대한 담론의 주제를 바꿀 때가 되었다.

사람마다 중요하게 여기는 대상과 순서가 다르다. 적어도 물건을 파는 마케터들의 고민만큼도 따라가지 못하는 사회의 문제접근방식은 그저 답답하기만 하다. 도랑물이 모여 개울물이 되고 개울물이 모여 시냇물, 그 물이 다시 모여 큰 강물이 되고 결국 바닷물이 된다. 글자가 모여 단어가 되고 문장이 되고 다시 스토리가 되고 소설과 에세이가 된다.

노인들의 욕망에 대한 데이터가 필요하다. 개개인들의 생존수요가 아니라 욕망수요를 모을 때가 되었다.

노인을 가난하고 병든 존재로 생각하고 최소한의 복지를 제공하겠다고들 한다. 그러나 사람이 살아가는 것은 단지 밥을 먹기 위해서가 아니라 내가 어딘가에 소속되고, 그곳에서 의미 있는 사람이 되고, 인정받고 영향력을 행사하며, 성취하고 성장할 때 사람은 살만하다고 느낀다.

생존에 대한 관심을 넘어서야 한다. 노인을 의미추적자

로 이해하고 이들을 사회의 건강한 참여자로 재평가할 때 비로소 노인 문제 해법의 열쇠가 열쇠구멍으로 들어가게 될 것이다. 노인들은 거창한 노인복지 지상낙원을 요구하지 않는다. 단지 생존 이상의 삶 정도가 노년에 보장되기를 원한다.

건강하게 에너지를 분산하고 축적된 경험에너지를 분배할 곳을 찾고자 한다. 지금 갈 곳 없는 격렬한 경험에너지들이 떠도는 곳이 공원이고 지하철 계단이니, 사회는 노인들을 거리의 무법자라고 부르고 이들을 '문제'라 한다.

영향력을 미치고 싶은 노인들, 인정받고 싶은 노인들, 그러나 받아들여지지 않는 이 에너지들을 분배할 곳을 만들어 달라. 이 에너지들이 건강하게 기여할 곳을 달라. 노인들도 공원이 싫고 지하철 계단이 싫다. 좋은 조명에 멋진 경험을 나눌 토론장이 좋고, 사자후같이 연설할 무대가 좋다.

용돈 연금으로 노인들에게 공원 매점을 이용하게 해준 사회의 배려가 고맙다. 그러나 노인에게는 생존의 권리 말고도 행복추구의 권리도 있다. 비난하지 말고 권리를 존중해주기 바란다. 사회문제는 바로 노인들의 권리를 존중해주는 곳, 그 욕망이 충족되는 곳에서 풀릴 것이 분명하니 말이다.

굶어본 사람이 배고픔을 안다

———

임희춘과 서영춘 콤비는 정말 웃겼다. 특히 7대 독자의 무병 장수를 기원하며 지었다는 그 긴 이름을 따라 했던 기억이 삼삼하다. 그 이름인즉 '김수환무거북이와두루미삼천갑자동방삭치치카포사리사리센타워리워리세브리깡무두셀라구름이허리케인에담벼락담벼락에서생원서생원에고양이고양이엔바둑이바둑이는돌돌이~'다. 이 이름은 리듬에 맞춰 팔을 흔들어대며 부르면 된다. 그 스토리를 보면 이 이름을 지은 점쟁이가 아이는 '빠뜨리면 죽는다'고 경고한다. 서 영감은 이 경고를 아이 이름을 말할 때 한 글자라도 빠뜨리면 죽는다고 해석하여 그 귀한 독자가 물에 '빠져 죽을' 위기에 처하자 그를 살리기 위해 한 글자도 빠짐없이 이름을 불러대다가 급기야 일은 벌어지고 만다. 그제서야 서 영감은 그게 이름의 글자가 아니라 물에 빠지면 안 된다는 말이었다는 것을 이해하고 이야기는 끝이 난다.

죽지 말라 부른 이름으로 아들은 죽었다. 공전의 히트를 쳤던 코미디 주제인 이 이름은 여러 번의 패러디를 거쳐 지금 한 항공사의 광고에 쓰이고 있다. 1970년대 초에 나온 코미디였으니, 50년 세월에 잊히지 않는 이름이다.

부모를 선택할 수 없듯, 첫 이름은 자신이 선택할 수 없다. 어디 이름뿐이랴! 내가 선택한 것이 아니라 환경이 나를 선택한 결과에는 대부분 저항 한번 못해보고 주저앉아야 하는 순간들이 닥친다. 누구나 노력이 좌절되고 평생의 업적이 뒤집어지는 경험을 한번 안 했겠는가마는 좌절은 늘 고통스럽고 당황과 분노를 가늠하기란 매번 어렵다.

요즘 감정노동자들의 고통과 좌절 이야기가 언론에서 계속 터져 나온다. '갑질'이니 '을의 삶'이니 하며 세상 모든 '을'의 비애들이 쏟아져 나오고, 더불어 '갑'의 횡포를 막아낼 법적 대안까지 고려 중이다. 전 국민이 피해자로 살아가는 요즘, 사회적 을이 되어버린 노인들의 나이를 두고 사회가 들썩인다. 나이가 많으니 월급을 깎자 하고 더 늙어서 연금을 받아보는 게 어떠냐고 한다. 65세는 젊으니 노인의 나이를 올리자고 하며 어른들의 양보를 요청한다. 일단 노인의 나이를 70세로 올리자는데, 글쎄!

사실, 노인의 나이 기준이 몇 살이면 어떤가? 생물학적 나이가 얼마이건, 사회적 나이가 몇 살이건, 심리적 나이가 몇이건 무슨 상관인가? 먹을 것 있고, 빌릴 일 없고, 가진 것만으로도 먹고살고, 또 그러다가 돌아가면 무슨 상관인가? 상관없다. 다만, 먹고사는 일이 남은 생애 내내 고민이고, 가진 것도 자식들에게 다 털린 지 오래라 100세시대 속에 살 날이 고민인 게 문제다.

누군들 눈치보고 싶나, 누군들 자립하고 싶지 않겠나, 누군들 베풀고 싶지 않겠나. 시대가 이리 변할 줄 몰랐다. 이리 빨리 변할 줄 진정 몰랐다. 열심히 살면서 내 부모가 내게 보여준 대로 자식들에게 다 주었고, 그게 사랑의 방식이라고 알았으니, 잘했건 못했건 그게 최선이다. 자식의 이름을 79자에 걸쳐 짓지는 않았어도 육성회비부터 대학 등록금, 그리고 결혼할 때는 대출까지 내어서 집을 해줬다. 물론 전세였지만 그 옛날 아홉 식구 모여 살던 단칸방에 비하면 대궐 같은 집이다.

그러나 더 주지 않는 것을 불평하고, 더 좋은 것이 아닌 것을 불만하던 이 시대가 남은 월급도 깎고, 연금 없이는 풀죽도 못 먹을 상황인 노인 나이를 올리자니 어쩌겠는가? 풀죽을 먹어본 세대라 풀죽 맛을 안다. 수제비로 연명해본 세대라 수제비 맛도 안다. 소나무 껍데기도 벗겨 먹어본 세대라 소나무죽 맛도 알고 보릿고개에 굶어봤으니 굶을 줄도 안다. 다 해본 세대인데, 한 번 더 하지 못할 일이 뭐 있겠는가. 다만, 풀죽을 먹자니 제초제가 가득이고, 수제비를 먹자니 밀가루도 비싸다. 소나무 껍데기를 벗겼다가는 바로 신고가 들어가고 굶는 일, 솔직히 그건 하고 싶지 않다.

양보할 수 있다. 누구나 부담되기 싫다. 그러나 기억했으면 좋겠다. 장수하라고 지어준 긴 이름, 그 이름을 지었다고 아들이 죽은 건 아니었다. 그저 오래 살기를, 죽지 말고 8대, 9대 그 뒤 먼 후손까지 길이 번성하라고 점쟁이에게 없는 돈 빌려 지은 이름이다. 그가 이름을 잘못 지어서라고 말하지 마라. 그는 최선을 다했다.

굶어본 자가 배고픔을 안다. 보릿고개를 넘어본 자가 버짐이 뭔지 알듯, 아리랑고개를 넘어본 자가 피눈물의 맛을 안다. 궁핍이 우리에게 왔고, 보릿고개와 전쟁이 우리에게 왔다. 그러나 두 번의 배고픔은 싫다. 두 번의 보릿고개, 두 번의 아리랑고개는 싫다. 노인 나이, 올려도 좋다. 궁핍하지 않다면, 두 번째 보릿고개만 아니라면, 몇 살이든 어떤가? 웃을 일 없는 세상에 이런 말을 하다니 참 웃긴 일이다.

고독사를 면하는 방법

누군가 그랬다. "사람은 태어날 때도 혼자고 갈 때도 혼자다!" 거짓말이다! 태어날 때 혼자인 사람은 아무도 없다. 아무리 혹독한 상황이어도 그곳엔 신음하던 어머니가 있었다. 대부분은 더 많은 사람들 가운데 태어나고 축복을 받고 따스한 어머니 가슴으로 들어가 젖을 빨고 곧 생명은 꽃을 피우게 된다. 갈 때, 곧 죽을 때도 많은 사람들은 다른 사람들의 시선과 가족의 품에서, 그리고 적어도 같은 병실에 있는 환자들의 배웅을 받으며 죽는다. 적어도 몇몇을 빼면 말이다.

　그 몇몇은 아무도 없는 곳에서, 언제 마지막 곡기를 먹었는지 모르게, 며칠 몇 시 몇 분에 그 심장이 멈추었는지 모른 채 우연히 발견되곤 한다. 이런 안타까운 죽음을 우리는 '고독사'라고 한다. 서울의 경우 한해에 600~700명이 '홀로죽음'을 맞는다. 남의 얘기인가 싶지만, 65세 이상 노인 125만 2천 명 중 홀로 사는 노인이 20.4%이니 노인 다섯 명 중 한 명이 그 위기에 있고, 배우자가 사망하고 홀로된다는 것은 곧 고독사의 그늘 안으로 들어가는 것이 된다.

노인이 많아지고, 1인가구가 늘고, 공동체는 자꾸 해체되고, 만성질환이 증가하면서 고독사가 늘어난다지만, 혼자라는 외로움과 가난, 그리고 누구와도 만나지 않는 긴 시간이 주어진다면 젊은이들도 고독사의 차가운 입김을 피하지 못할 것이다. 그러나 누구도 고독사를 자신의 죽음 장면으로 꿈꾸며 살아가는 사람은 없다. 가족 모두가 둘러앉아 헤어짐을 아쉬워하고 지난 시간을 고마워하며 따스하게 손을 잡고 남아 있는 모든 체온을 다해 서로를 끌어안는 장면을 상상하지 않을까? 그게 집이든 병원이든 말이다. 우리가 꿈꾸는 죽음의 장소가 아무도 없는 차가운 쪽방이거나 보일러도 들어오지 않는 미끄럽고 차가운 화장실은 아닐 것이다.

누구나 노후를 준비한다지만, 원하는 죽음 혹은 좋은 죽음을 준비하는 일이 우리에게는 아직 꽤나 생소한 일이다. 그렇다면 적어도 좋은 죽음까지는 아니더라도 과연 고독사를 면(免)할 수 있을까? 고독사 예방주사라도 있다면 좋겠다 싶은 분들께 권한다.

고독사를 면하는 가장 쉬운 방법부터 보자. 고독사를 면할 수 있는 가장 쉬운 방법은 혼자 죽지 않는 것이다. 그러나 사실 이는 쉽지 않다. 죽는 시점을 알 수 없으니 말이다. 그럼에도 혼자인 시간을 최소화하는 것은 가능하다. 그러기 위해서는 가족이나 주변 사람들의 도움이나 관계가 필요하다. 그렇다고 가족이나 주변 이웃들과의 관계가 반드시 돈독해야 하는 것은 아니다. 가장 중요한 것은 주기적인 연락과 방문이다.

우선 가족들과의 관계라면 이렇게 하자. 자녀들이 의무적으로 하루나 이틀에 한 번씩 시간을 정해놓고 알람처럼 전화를 하면 가장 좋다. 그러나 요새 애들은 바쁘고, 또 그렇게 할 자식들 같으면 이미 고독사 예방을 할 이유도 없다. 그렇기에 오히려 그 반대의 방법을 권한다. 하루 혹은 이틀에 한 번 시간을 정해놓고 그 시간이면 전화기를 들고 자녀들의 번호를 누르도록 하라. 자식이 아니라도 특정인이면 된다. 전화를 하면 사실 애들이 내색은 하지 않겠지만 싫어할 게 분명하다. 그러나 개의치 말고 정해진 시간이 되면 전화하라. 굳이 내용을 신경 쓸 필요가 없다. 우리의 목적은 안부를 전하는 게 아니다. 그 '일'을 3주 이상 하라. 예를 들어 아버지가 아들에게 이틀에 한 번씩 매일 저녁 6시에 전화하기를 멈추지 않고 3주 이상 지속한다고 하자. 매번 달력에 동그라미를 치도록 하라. 3주가 지나고 나면 아들은 으레 아버지에게 전화가 오는 것으로 '학습'되고, 아버지는 이틀에 한 번 6시에 전화하는 것이 '일'이 될 것이다. 일단 아버지의 전화하는 '일'을 통해 아들이 받는 '학습'이 이루어지면, 3주 이후로는 아버지로부터 정해진 시간에 전화가 오지 않는 것이 아들에게는 이상한 '일'이 된다. '학습'과 다른 상황이 생겨난 것이다. 이렇게 두 번쯤 아버지로부터 전화가 오지 않으면 아들은 평소에는 귀찮던 그 전화에 대한 호기심을 갖게 된다. '이상하다, 전화 올 때가 지났는데!' 그러면 아들은 아버지에게 전화를 걸게 된다. 우리는 반복적이고 정기적인 행동을 통해 관계를 학습하고, 그 관계 속에서 '일'이 안부가 되고 '학습'이 그 안부를 확인한다. 우리가 고독사를 면하기 위해 하는 이 '일'이 우리에게는 고독사를 막는 '일'이며, 자식에게는 부모를 떠올리는 '학습'이 된다.

우리가 하는 '일'과 자녀가 하는 '학습'이 반복되면 이런 관계를 우리는 '좋은 부모-자녀관계'라고 한다. 우리의 규칙적인 '일'은 '학습'과정을 통해 '고독사'를 막고, 전혀 예상치 못했던 '관계'라는 소득을 안겨줄 것이다. 이제 우리의 고독사 예방사업인 그 '일'을 시작하자. 수화기를 들고 번호를 눌러라! "별일 없냐, 잘 지내지? 나도 잘 지낸다" 하고 끊으면 된다. 우리의 예방사업은 그렇게 시작되고 3주 뒤면 우리는 예상치 못한 '학습'을 한 자녀와 '관계'라는 열매를 함께 키우고 있다는 것을 눈으로 보게 될 것이다. 지금 전화하라!

'신중년'이라 불리는 사람들

———

석을년, 강도야, 경운기, 홍한심, 김치국, 송아지, 하쌍연, 서동개, 조지나, 천한놈, 초음파, 곽엑스, 오쌍년. 2013년과 2014년 개명신청자들 이름이다. 여기에 쓰기도 민망한 이름들이 더 많다. 어떻게 자식 이름을 이렇게 지을 수 있을까 싶지만, 모두 부모가 지어준 이름들이다. 그리고 성인이 되어 자신의 삶을 새로이 선택할 수 있게 되자 개명신청이 쇄도하고 있다. 평생을 부르는 이름이기에 오랜 세월 이름의 덫에 갇혀 살던 사람들에게 행정이 빛을 보였다.

이름이란 무엇인가? 사람으로 살아가면서 내가 누구인지를 보여주는 가장 중요하고도 맨 처음 불리는 명칭이다. 아이들을 잘 키우려는 부모들은 아이들의 이름을 잘 지어야 인생이 활짝 핀다며 고민을 거듭하다가 결국 사주와 팔자를 두루 본다는 이름 명인에게 가서 수십만 원씩 주고 이름을 짓기도 한다. 위에 나열한 이름들을 작명소에서 돈을 주고 지었을 리 만무하다.

이름대로 된다는 믿음에서인지, 지금은 '노인(老人)'이 없다. 최근 들어 노인에 새로운 개명바람이 불었다. '신중년'이 바로 새 이름이다. 최근 6075세대들을 부르는 이름이다. 과거에는 통칭 '노인'이라고 했으나 이제는 노인이라는 말을 노년세대 스스로 거절하며 새로운 이름을 주고 새로운 정체성을 찾고 있다. 그렇다면 노인이 아닌 신중년은 어떤 사람들인가?

신중년은 대개 6075세대라 불린다. 60~75세 사이에 있는 사람들 말이다. 이들은 누구이기에 다른 이름을 가지고 스스로를 재정의하고 있을까? 이들은 일제 강점기를 막 마치고 태어난 이들부터 전쟁 이후 태어난 일명 '베이비붐 세대'들을 포함한다. 이들은 단군 이래 첫 공교육을 대대적으로 받기 시작했고, 한반도 역사상 가장 찬란한 문명을 일구고 보았던 사람들이다.

고층 빌딩을 본 첫 세대이자, 엘리베이터를 타본 첫 세대이다. 이들은 산을 오르지 않고도 먼 곳을 본 첫 세대인 셈이다. 집에서 전화를 받은 첫 세대이며, 이 전화가 청색전화, 백

색전화에서 유선전화를 거쳐 지금의 스마트폰까지 아날로그와 디지털 모두를 경험한 세대이다. 민주주의를 맛보고 경험한 첫 세대이자, 연애의 짜릿함을 느끼며 상투와 한복을 잘라 파마와 미니스커트를 입은 첫 세대이다. 아스팔트 위를 걸어본 첫 세대이고, 마이카의 첫 세대이다. 주판과 전자계산기부터 컴퓨터까지 사용해본 유일한 세대이고, 달에 토끼가 살지 않는다는 것을 알게 된 첫 세대이다.

어디 그뿐이랴? 거침없는 이혼을 선택한 첫 세대이자, 당당한 재혼을 말하는 첫 세대이다. 자식이 효도하지 않겠다는 첫 세대이자 유산을 남기지 않는 첫 세대이다. 70이 넘도록 일해야 하는 첫 세대이자, 고독사의 첫 사례가 된 세대이다. 호모 헌드레드 100세를 맞는 첫 세대이자, 환갑잔치를 포기한 첫 세대이다. 인공중절수술을 받은 첫 세대이자 인공관절수술을 받은 첫 세대이다. 안락한 노후를 포기해야 하는 첫 세대이자 안락사를 선택하고자 하는 첫 세대이다. 계급신분이 없는 첫 세대이자 지독한 경제신분을 갖게 된 첫 세대이다. 배고픔을 넘어 풍요를 경험한 첫 세대이기도 하다.

이들이 '첫 세대'인 것은 이뿐만이 아니다. 더 많은, 더 다양한 차원에서 첫 세대인 사람들이 바로 '신중년'이다. 이들의 선택은 역사 이래 없던 것이고, 이들의 경험도 전례 없던 일이다. 스스로 낯설어하면서도 의연히 세월을 만들어가는 사람들이다. 밀려가지 않고 만들어가는 사람들이고, 선택받지 않고 선택하는 사람들이다. 끌려가지 않고 끌어가는 사람들이다.

인터뷰를 하던 중 한 사람이 내게 "노인들에게 어떤 문화를 주어야 하는지"를 묻는 질문에 내 대답은 이것이었다. "스스로 문화를 만들어가는 사람들에게 누가 감히 문화를 줄 수 있는가?" 새로운 세대로서 '신중년', 바로 이들이 문화 창조자이자 문화 주도자들로 이름에 맞는 내용을 채워가고 있다. 신중년, 그 인류의 첫 그림을 기대해보자.

60에 방귀 뀌고 80에는 미용하라

어김없이 새해에는 새 목표를 잡는다. 금연이든, 금주든, 다이어트든 목표야 세우겠지만, 우리 중에 4분의 1은 첫 주 만에 목표는 산산조각이 날 것이다. 그리고 독하디 독한 8%는 목표를 이루고야 말 것이다. 그러나 92%는 목표를 이루지 못하다니 한편 고맙기까지 하다. 나만 못하는 줄 알았더니 다 못한다 생각하면 고소하기도 하고, 나는 매우 평범하지만 이 말이 곧 위로가 되니, 우리는 새해 첫 주 만에 큰 위로를 받는 셈이다.

그렇다고 우리에게 목표가 없을쏘냐 싶지만, 사실 나이가 들어가면서 생의 목표는 점점 줄다 못해 나중에는 거의 흔적기관처럼 되어버린다. 당신의 목표는 무엇이었는가? 어제가 오늘 같고 오늘이 내일 같다는 건 인류가 진화를 거듭하면서 터득한 진리일 것이나, 그 와중에 우리는 늘 작고 큰 목표를 만들고 성취해왔다. 오늘 점심은 뭘 먹을까, 오늘 저녁은 뭘 먹을까? 수제비 먹을까? 그리고 우리는 저녁에 밀가루 반죽을 뚝뚝 떼어 수제비를 만들어 먹는다. 적어도 우리는 아침에 생각했던 목표를 이룬 셈이다. 목표는 1년 뒤처럼 멀게도 있고 또 오늘 밤처럼 가깝게도 있다. 많은 분들이 이 철없는 붉은원숭이와 반대로 맹숭맹숭 살아가니 올해의 목표를 드리고자 한다.

《백세신문》이라고 백세만 읽는 것은 아니다. 내 제자는 20대인데도 《백세신문》을 꼼꼼히 읽고 있으니 백세를 살도록, 혹은 백세가 넘도록 독자는 같은 글자를 읽는 셈이다. 다만, 지면이 좁으니 60대부터 시작하자.

60대는 방귀 뀌자! 엉덩이를 들썩이며 냄새를 피우자는 것이 아니다. 방귀, 즉 방문을 열고 귀를 열자. 본격적인 은퇴를 철퇴처럼 맞고 안방에서 마루를 왔다 갔다 하고, 그나마 미세먼지로 밖에도 못 나가는 60대여! 먼지 좀 마시면 어떤가, 방문을 열고 나가자. 복지관도 좋고, 중·고령자 취업센터도 좋다. 취업이 되어도 좋고 안 되어도 좋으니, 방문을 열고 나가자. 우울감도 줄이고 일도 찾아보고, 돌아다니며 실망도 하겠지만, 돌아다니기에 배도 고프게 하자. 그리고 세상이 어찌 돌아가는지 감각을 잃지 말고 귀를 기울이자. 컴퓨터, 정치, IT, 경제 세상 돌아가는 것을 알아야 멋있게 나이 먹는다. 방문 열고 다니고 세상의 변화에 귀를 기울였다면, 침묵만 하지 말고 의견을 내자. 우리야말로 갓 은퇴한 따끈따끈한 은퇴신인 아닌가? 아는 체하면서 그야말로 '방귀 좀' 뀌자.

70대는 사과하자. 미안해서 사과하자는 게 아니다. 사랑하고 과감해지자. 이제야말로 제대로 사랑할 나이다. 배우자가 있다면 바로 옆의 그녀를 연구하자. 배우자가 없다면 새로운 그녀를 연구하자. 그리고 과감히 고백하자. 당신을 사랑했고, 지금 사랑하고 있노라고. 그리고 용기를 내어 사과도 해보자. 관계에 소홀했던 지난 70년을 접고 관계를 빚어내는 새로운 70대를 만들어보자. 남은 세월은 관계적 인간으로 살아보자.

80대는 미용하자. 미장원에 가라는 말이 아니다. 미소 짓고 용서하자. 험한 세월은 얼굴에 험한 흔적을 남긴다. 그러나 미소는 험한 세월을 가리는 복면이자, 상대에 대한 한없는 호의를 증명하는 증명서이다. 그리고 용서하자. 세상 1등 부자가 되자. 미운 사람 없고, 부러운 사람 없다면 1등 부자 아니겠는가? 미소 짓고 용서한다면 삶을 미용하게 되고, 관계를 미용하게 될 것이다. 여기에 진짜 스스로도 말끔히 단장한다면 왕후장상 부럽지 않은 관대함의 신이 될 것이다. 세상은 백발의 관대함을 기대하고, 그런 기대를 충족시켜주는 어른께 고개를 숙인다.

90대는 백세하자. 100살까지 살자? 그도 좋지만, 백 가지를 세어보자. 살아오며 잘했던 일 100가지를 세어보자. 손가락을 접고 펴는 사이에 어느덧 나는 꽤 괜찮은 사람이 되어 있을 것이다. 그리고 그 접고 편 손가락마다 펼쳐지는 인생 대하드라마를 자식과 손주들에게 풀어내자. 잘못도 되새기고, 잘한 것도 풀어내면서 세대는 경험을 다리 삼아 만나게 되고, 이야기는 사람과 세대를 이어주는 혈관이 될 것이다. 이야기는 역사를 수혈하고 사랑을 수혈한다.

그러나 90대라도 70대처럼 사과할 수 있다. 80대라도 60대처럼 방귀 뀔 수 있다. 사람은 주민등록상의 나이로 살지 않고 마음의 나이로 살며 그 나이로 행동하고 말한다. 마음으로 내가 70대처럼 느껴진다면 사랑하고 과감하자. 내가 60대처럼 느껴진다면 방문을 열고 귀를 기울여보자. 사람은 나이로 살지 않고 역할로 산다. 올해는 어떤 역할을 선택할 것인가? 지금 결정하자! 프로에게 그렇듯 노인들에게도 내일은 없다.

꿈일기를 써보자

———

불면의 밤이 이어지는 때가 누구나 있다. '골만 대면 잔다'라는 이들도 인생 중반 갱년기라는 언덕을 넘을 때는 잠이 숙제라는 생각을 하곤 한다. 생각해보면 잠드는 것에 대한 것, 또 잠자는 것에 대한 것은 모두의 관심이자 오랜 관심이었다. 불면증을 해소하는 법으로 머리맡에 생양파를 잘라놓거나 따스한 우유를 마시는 것, 그리고 낮잠을 자지 않고 버티는 것 등 우리에게 일상이 되어버린 비법들이 있다. 그리고 좋은 잠, 높은 수면의 질을 위해 빛을 차단하고, 베개를 바꾸어보고, 풍수에 따라 침대 위치를 바꾸어보기도 했다. 이런 잠자기 위한, 또 잘 자기 위한 노력이 끝나면 우리는 마침내 잠이 든다.

　잠이 들고 이변이 없다면 우리는 자연스럽게 수면을 종

식시키는 호르몬이 분비되면서 잠에서 서서히 깨어나고 이내 눈을 뜨게 된다. 좋은 잠을 위한 과정과 기술이 있다면, 좋은 기상을 위한 방법은 없을까?

아침에 일어나 보면, 어느 날은 개운하고, 다른 날은 뭔가 몸이 무겁고, 어떤 날은 눈이 아예 안 떠지는 날들도 있다. 다른 수면의 끝에 우리는 늘 다른 기상을 하게 된다. 수면의 과정과 결과가 기상 컨디션을 결정하기 일쑤다. 늦게 잔 날은 다음 날 기상이 쉽지 않고, 기분 나쁘게 잔 날은 다음 날 아침에도 어김없이 기분이 꽝이기 쉽다.

그러나 잠의 방법과 과정이 여러 가지이듯 깸의 과정도 다양할 수 있다. 곧 기상 시 나의 기분을 조절할 수 있을 것이라는 말이다. 하루의 시작을 조절하면서 새로운 의미를 부여한다면, 지난밤의 호된 명령에 따라 아침을 열지 않아도 될 것이니 말이다.

그래서 필자는 이런 제안을 해본다. 꿈일기가 그것이다. 보통 일기라면 하루를 정리하며 그날의 일상과 일어난 일들 및 발생했던 관계들을 적거나 떠오르는 생각들을 정리하는 과정을 말한다. 그럼 꿈일기는 무엇인가?

꿈일기란 그야말로 꿈을 적는 일이다. 굳이 이 나이에 새삼 일기인가 싶겠지만, 심리학에 조금이라도 관심이 있었던 사람들은 꿈이 '무의식으로 가는 왕도'라는 말을 들은 적이 있을 것이다. 무의식을 확인할 수 있는 통로라는 뜻이다. 무의식에는 나이 들어가는 나의 욕망, 지금에야 아련해진 과거 저변에 흩어진 기억 편린들이 남아 있다. 그리고 꿈은 이러한 욕망과 기억조각들을 부력처럼 수면 위로 끌어올린다. 이때 수면 위로 올라온 이것들을 모아 가끔은 앞뒤도 맞지 않는 뜬금없는 스토리가 되어 꿈의 주인을 당황하게 만들기도 한다.

꿈 이야기를 매일 적어나가다 보면, 놀랍게도 나이 들어가면서 모두 잊었다고 생각했던 그리움, 소망, 지난 시절의 희로애락이 거대한 흐름을 이루며 줄지어 나타난다. 살면서 의미가 없다고 생각했던 것과 달리 나는 끝없이 새로운 것들을 갈망하고 있었고, 내 주변 사람들과 그간 잊고 있던 사람들에 대한 새로운 이해들을 발견하기도 한다.

이런 이야기를 하면 많은 이들이 자신은 꿈을 꾸지 않는다고들 한다. 그러나 놀랍게도 사람은 하룻밤 동안 이천 편도 넘게 꿈을 꾼다. 그날의 기분에 따라 달라지기는 하지만, 자는 동안 전혀 꿈을 꾸지 않는 사람은 없다. 다만 잘 기억하지 못할 뿐이다. 대부분 꿈은 특히 깨기 직전에 가장 많이 꾸게 되는데, 놀랍게도 이 꿈들은 일어나서 기지개만 쭉 펴도 싹 다 잊히니 그 또한 놀라운 일이다. 간혹 기억이 나다가도 화장실만 다녀오면 꿈은 소변과 함께 나로부터 빠져나가버리는 경우가 많다. 그럼에도 갓 깨어날 때가 바로 전에 꾸었던 꿈을 그나마 가장 정확하게 기억하는 시간임은 분명하다.

그러니 머리맡에 일기장을 펼쳐두고 볼펜도 한 자루 놓고 자자. 일어나자마자 소변이 급하더라도 꿈에서 떠올렸던 몇 개의 단어를 적어두거나 장면을 간단한 그림으로라도 그려놓으라. 정 급하면 등장인물의 이름이라도 적어놓자. 매우 간단한 몇 개의 꿈 기억만으로도 우리는 더 많은 꿈속 이야기를 소환할 수 있다. 설명하기 곤란할 때도 있고, 너무 잔인하거나 너무 야해서 표현하기 어려울 때도 있다. 그래도 슬쩍이라도 적어놓자. 이 정도 나이인데 좀 더 적나라하게 쓴들 누가 뭐라고 하랴. 그리고 나만 보는 일기장인데 어떠한가.

이렇게 두 달 정도 적어나가 보라. 그러고 나서 그 꿈일기를 앞에서부터 천천히 읽어나가 보라. 놀랍게도 나의 기쁨, 그리움, 두려움, 아쉬움, 내게 중요한 사람들, 내가 원하는 것이 무엇인가에 대해 스스로 찾기 시작할 것이다. 물론 전문가가 옆에서 도와준다면 좀 더 자세한 인생 건더기들을 끌어낼 수 있겠으나, 전문가가 없어도 충분히 가능하다.

누군가 인생을 정리하는 시기가 노년기라 했던가? 삶을 재정비하고 내 안에 있는 진짜 욕망이 무엇인가에 대해 살펴보는 것, 이것이 바로 노년기 아니겠는가. 꿈은 우리를 노년의 새로운 길목으로 데려가줄 것이다. 한번 시도해보라. 정말 꿈같은 일이 벌어질 테니.

파워레이디. 38×40cm, 장지에 채색, 2013. ⓒ 김난.

'노인세대를 절대 봐주지 말라': 노인자성운동

———

서울대 철학과를 졸업하고 부친과 함께 탄광을 운영하며 개인소득세 납부액이 전국에서 열 손가락 안에 들 정도로 거부였던 사람이 있었다. 그는 분단을 통탄해하던 서울대생 형의 자살을 목도했고, 기운 가세를 세우려 열일곱부터 빚더미 사업에 뛰어들어 아버지의 가업을 일으켰다.

수많은 유신시대 지식인들의 도주로이자 자금줄로 살았으나 평전 하나 없고, 중·고등학교 이사장을 지내나 정원에서 풀이나 뽑고 있는 그의 얼굴을 아는 사람도 없다. 수많은 사람들을 돕고도 도운 사실을 숨기는 이유를 "내가 쓰는 길이라서, 내 일인데 자기 일 아닌 걸 남 위해 했다고 하면 위선이라서"라고 말하는 사람, 평생 돕는 일을 머뭇거린 적 없고,

두려워서 돕지 못한 적 없던 사람. 그런 채현국 옹이 79세 나이에 한 신문사 기자에게 던진 말은 "노인세대를 절대 봐주지 말라"였다.

"노인들이 저 모양이라는 걸 잘 봐두어라. 너희들이 저렇게 되지 않기 위해서. 까딱하면 모두 저 꼴이 되니 봐주면 안 된다." 채현국 옹의 이 말을 여기에 적기까지 잠시 망설였다. 도대체 무슨 말일까? 누구보다 노인의 나이를 살고 있는 자신의 일생에 회한의 돌을 던지는 걸까, 아니면 노인부양 문제로 예민해진 청년세대를 달래고 노인세대를 방어하려는 의도적인 제스처일까?

최선을 다해서 산 사람들의 그림자를 노년에 본다. 폐허에서 일어난 사람들, 보릿고개를 넘긴 사람들, 산업의 역군, 역사의 목격자, 역사의 증인, 지혜의 담지자, 가장 오랜 이야기꾼 등의 표현들은 모두 노인들을 지칭하고 있다. 그리고 이기적인 세대, 고집스런 사람들, 투표를 위한 집단, 나이를 자존심으로 먹는 사람들, 피부양자, 자신의 권리를 오히려 자신을 고통스럽게 하는 사람들을 위해 사용하고 그 이권을 대변하는 자들, 폐지 줍는 사람들, 낡은 지식창고 등도 모두 같은 사람들, 노인들을 말한다. 젊은 세대가 느끼는 측면에서 명목과 실제로 말하자면, 표현은 전자요, 심정은 후자라 할 것이다. 물론 노인세대는 항변할 것이다. "우리가 젊은 세대들에게 부끄러운 면도 분명히 있다. 그러나 열심히 산 것 말고 우리가 무슨 잘못이 있는가? 너희들이 서 있는 이 풍요의 아스팔트는 우리의 청춘과 피로 버무려진 것이다. 늙어버린 우리에게 너희들이 기회나 주어보았느냐, 너도 살아봐라, 너도 늙어봐라!"

이런 저항과 이런 항변에 앞서 잠시 멈춰 서서 생각해보자! 우리가 할 수 있는 것이 단지 저항과 항변, 그리고 분노뿐일까? 심정적으로 우리의 모습을 말하는 젊은 세대의 소리는 과연 노인세대의 무능을 비판하고 우리의 삶과 기여를 모조리 무효화하려는 것일까? 결코 아니다. 젊은 세대의 심정에, 그 면전에서 할 것이 저항과 항변과 분노뿐이라면 그야말로 슬프고 안타까울 것이다.

저항과 항변, 분노는 젊은 사람들의 눈에는 그저 노인세대의 방어일 뿐이다. 그러나 실상 우리의 선택을 오랫동안 보아왔던 젊은 세대들이 우리에게 기대하는 바는 방어가 아니다. 아들은 아버지에게 방어를 원하지 않는다. 어른의 모습으로 아들에게 고백하기를 원한다. 이게 나의 최선이라고, 그러나 젊은 세대를 위해 정말 지혜의 담지자가 되어보겠다고, 부끄러운 노인이 아니라 노력하고 찾아가는 노인이 되겠다고, 미안함을 고마움으로 표현하겠다고, 빠른 변화를 배워보겠다고, 소통을 위해 노인의 울타리를 열겠다고, 아파하는 젊은 세대의 마음을 어루만져주는 어른의 모습을 보여주겠다고 다짐해주기를 기다린다.

한 노인이 노인세대를 절대 봐주지 말라고 외치고 있다. 그 외로운 외침을 보며 오히려 젊은이들은 희망을 가질 것이다. 노인들의 자성의 소리, 그 울림이 움직임이 되기를 기다릴 것이다. 노인들이 희미한 눈으로, 아픈 다리로, 굽은 등으로 서로를 부축하며 스스로의 다짐을 소리 내며 거리를 행진하는 은발의 물결을 기대할 것이다. 그 더딘 행진과 놀라운 움직임은 어떤 설득보다, 어떤 강제보다 더 강력하게 젊은 세대를 움직이는 '감동'의 힘이 될 것이다. 정체된 물이 흘러가며 스스로를 맑게 하는 '자정(自淨)'의 움직임은 인생의 자정(子正)에만 일어나는 '내일'의 시작을 여는 힘이 될 것이다. 흐린 것을 맑게 하는 것은 '자정(自淨)'이요, 내일을 여는 것은 '자정(子正)'이다. 누구도 노인세대를 '자정(自淨)'의 장으로 밀어 넣을 수 없다. 오로지 노인세대 스스로의 선택만 있을 뿐이다. '자정(子正)'의 '자정(自淨)'은 이 혼탁하고 어두운 세상에 가장 순수한 미래를 얻어내는 유일한 연금술이 될 것이다.

기승전돈(錢)? 기승전우(友)!

기승전돈(錢)! 은퇴준비에 대한 만고불변의 자세였다. 뜨거운 만큼 가장 차가운 것이 미래여서 뜨거운 것은 미래에 대한 기대요, 차가운 것은 냉정한 현실, 바로 돈이다. 감정의 온도는 늘 오르락내리락 하는 바 믿지 못할 것이나, 그 힘을 알기에 세월의 선인들은 '돈은 제2의 권력'이라고들 했다. 그리고 이 돈에 대해 쇼펜하우어는 이런 조언도 아끼지 않았다. "빌려주지 않아서 잃는 친구보다 빌려주어서 잃는 친구가 더 많다."

나이가 들어가면서 필요한 것이 무엇인가에 대한 모든 연구에서 '돈'과 함께 '관계'는 늘 빠지지 않고 등장한다. 인간의 늙어가는 유전자의 마지막 순간까지 사람은 '관계적'이니, 신체건강도 중요하고 정신건강도 중요하다지만, 역시 살아가며 살을 붙이고 사는 인간이라면 늘 관계 속에 태어나고 관계 속에 죽기 마련이다.

여자들은 나면서 관계에 대해 남다른 DNA를 갖고 태어난 것 같다. 그 관계는 어머니의 젖을 빨며 바라보던 그 눈빛에서, 쭈쭈바를 나누던 코흘리개의 선한 눈에서, 여고시절 선생님을 피해 나누었던 장난어린 친구들과의 눈치작전으로, 연인을 향한 간절한 눈길로, 그러고는 자라는 아이에게 다시 젖을 물리며 나누었던 감탄의 빛, 좀 더 시간이 흘러 주름져 가며 손주를 창조주를 보듯 바라보는 시점까지 그 눈빛이 직선으로 이어진다. 그리고 그 옆에는 젖 먹는 모습을 바라보던 둘째언니를 붙들고 지금도 수다를 떨고, 소꿉놀이를 함께하던 옆집 순이와 지금도 계를 하고, 오리걸음을 하며 함께 벌을 받았던 친구에게 울며불며 실연의 아픔을 쏟아놓고, 큰아이 유치원 동기 엄마들과 여전히 혈맹이고, 돼지엄마 수준의 정보통 반모임 엄마들과 나누는 카톡은 지금도 하루 350통이 넘는다. 동창회만 갔다 오면 고교동창들이 들고 온 명품가방이 자기만 없다고 투덜거리고, 〈응답하라 1988〉을 보며 왕년친구들 전화번호는 죄다 뒤진다. 이 친구들이 손주 돌잔치에 오고, 같이 초등학교 동창의 장례식에 가서 울고, 남편의 장례식에 와 끌어안으며 눈물로 서로를 위로한다. 여자들은 그렇게 익숙하게 관계와 함께 늙어간다.

남자들의 삶도 관계는 첫 호흡부터 시작되었다. 배를 찔러대던 짓궂은 형과 무조건 엄마에게 일러대던 남동생이, 사루비아 꿀 빨아먹겠다고 덤볐다가 벌에 쏘여 손이 퉁퉁 부었던 옆집 초등학교 동창 종철이가, 가방 속에 교과서 대신 빨간 책을 필통 대신 담배를 들고 다니다가 딱 걸려 정학을 받았던 정병이, 결혼식에 핏줄이 터질 듯 기꺼이 축가를 불러준 준민이도 있다. 아내 병원비를 보태준 퉁명스럽지만 언제나 힘이 되어준 성진이도 있고, 퇴근 후 술 한잔 기울이며 명퇴 걱정을 하는 고교피해자모임인 '삼룡이에게 당한 사람들의 모임' 회원들도 있다. 갑작스런 명퇴 소식에 회사 입구까지 나와 손을 잡아주던 김 과장도, 딸 결혼식에서 오랜만에 만난 고향 친구 종구도, 내 아내의 무릎수술 때 와주었던 경훈이도 있고, 내가 죽으면 내 아내를 위로해주고 도울 친구들이 있다. 남자의 삶도 친구라는 배에 실려간다.

여자의 삶, 남자의 삶이 모두 다르다지만, 살아가며 자식으로 기쁜 과거가 있고, 아내로 감사한 현재도 있다. 그러나 은퇴 후 가장 나빠지는 게 자식과의 관계라는 조사 결과처럼 시큰둥하고 어색하기 그지없는 자식들에게 사실 섭섭하다. 그래도 아버지로 이게 나의 최선이었는데, 나도 모르게 훌쩍 커버린 아이들은 더 이상 내 아들, 내 딸이 아니라, 이미 다른 사람의 연인, 배우자, 직장인 등 다른 이름의 역할자가 되어 있다.

돈이 힘이라지만, 우리 집의 권력은 이미 아내다. 일의 방에서 관계의 방으로 넘어오면서 알게 된 극명한 사실, 내 아내는 모든 것을 정복했다. 아이들의 태후로, 지역의 마님으로, 그리고 나의 가내(家內)상사로! 밥은 주겠다고 말하는 아내가 고맙기도 하지만, 여전히 나는 아내가 그립다.

그리고 친구에게만 털어놓은 나의 과거, 현재의 꿈이 있다. 그러니 친구 없는 일생은 증인 없는 죽음이라고 말하는가 보다. 하긴 나라는 인생의 퍼즐은 친구 없이는 불가능하다. 어느덧 세월이 흘러 내 인생의 많은 것들이 얼굴의 주름으로, 나의 지난 업적의 결과로 나타날 노년의 시점에, 문득 나타난 친구가 생각지도 못했던 과거진술들을 늘어놓을 때 우리는 깜짝 놀라게 된다. 이들의 새로운 진술이 인생 퍼즐조각이 되어 비어 있던 내 과거기억의 퍼즐을 완성하게 된다. 내가 몰랐던 나의 고등학생 때의 호기, 눈물, 나만 몰랐던 나의 뒷소문까지! 친구는 내 인생을 완성하기 위해 태어난 사람인 듯 내 인생을 채우기에 평생 동안 나의 일부인 셈이다. 세월을 돈으로 살 수 없듯, 나의 과거조각의 주인인 친구들은 결코 돈으로 매수되지 않는다.

노년은 상실과 성숙이라는 두 개의 얼굴을 가진다. 돈과 젊음은 사그라들며 나를 '잃은 자'가 되게 하나, 친구는 나의 인생퍼즐을 기꺼이 맞추어주며 나를 기필코 '성숙한 자'로 만들고야 만다. 노년은 하나 둘 친구의 죽음을 보는 나이라고들 하나, 친구를 잃는다는 것은 나의 인생을 잃는 것과 같은 말이리라. 그러니 친구를 얻는다는 것은 나를 얻어가고 채워간다는 것의 다른 말이 될 것이다. 그리고 남은 인생의 조각을 채워줄 새로운 친구는 또 얼마나 큰 존재일까!

중년을 넘어가면 인생 앞에 서고, 가치 앞에 자신을 내놓게 된다. 곧 다시금 새로운 선택 앞에 서게 되는 것이다. 노년으로 가는 그 길목 앞에서 우리에게 '기승전돈'이라 말하는 모든 이들에게 당당히 말하기는 '기승전우(友)', 노년이야말로 친구다! 나의 인생을 정리하고 잘 마무리하고 싶다면, 가족도 모르는 내 어린 시절 인생의 퍼즐조각을 가지고 있는 친구를 호출하자. 그들은 기꺼이 자신들의 기억주머니에서 내 인생조각을 꺼내어 내 인생 퍼즐판의 마지막 조각을 채워줄 것이다. 인생조각이 있는지를 말하고, 인생조각을 꺼내고, 내 인생퍼즐판 어느 지점인지 가늠해보고, 이를 건네받고, 퍼즐조각을 끼워 넣는 그 순간 우리는 퍼즐조각의 그 시점을 다시 경험하며 짜릿해하고, 이야기를 들으며 다시 그 시절로 돌아가 청춘의 즙을 마시게 될 것이다. 자, 그러니 이제 수화기를 들어 옛 친구들의 번호를 눌러보자. 내 삶의 조각을 가진 자들에게 청춘기억의 조각을 받아 인생의 완전체를 만들어보자. 친구들이 전화를 받으면 이름부터 불러보자, 종철아, 정병아, 준민아, 성진아, 종구야~!! 만나자, 우리 만나보자, 친구야!!

쓸개 빠진 친구, 간 부은 친구

───

간담상조(肝膽相照)란 간과 쓸개를 서로 비춘다는 말로 마음을 서로 드러낼 수 있는 우정 혹은 믿음이 있는 사귐을 뜻한다. 이 말의 유래는 중국 당나라 중엽, 당송팔대가였던 한유와 유종원의 우정에서 비롯되었다. 두터운 우정으로 유명했던 이 두 사람 중 유종원이 생을 마감하자 한유는 유종원의 묘비명을 다음과 같이 썼다. "사람이란 곤경에 처했을 때 비로소 절의가 나타나는 법이다. …… '서로 간과 쓸개를 꺼내 보이며' …… 살든지 죽든지 서로 배신하지 말자고 맹세한다. 말은 그럴듯하지만 일단 털끝만큼이라도 이해관계가 생기는 날에는 …… 돌까지 던지는 인간이 이 세상 곳곳에 널려 있는 것이다"라고 썼다. 이 때문에 간담상조라는 말은 비밀이 없는 매우 절친한 사이를 이른다.

한유와 유종원 같은 친구는 서로에게 지우(地友)가 되어 서로의 생명을 틔워주고 조건 없이 베풀어 한결같은 마음의 지원을 아끼지 않는 땅과 같은 친구이며, 산우(山友)로 서로의 안식처가 되며 멀거나 가깝거나 늘 그 자리에서 반기는 든든한 산과 같은 친구일 것이다. 세상의 사람관계가 모두 지우나 산우 같을 수는 없을 것이다. 꽃 피었을 때 가까이 왔다가 꽃이 지면 돌아서는, 자기 좋을 때만 찾는 화우(花友)도 있고, 이익의 무게에 따라 이쪽저쪽을 기웃거리며 움직이는 저울 같은 칭우(秤友)도 있을 것이다.

친구의 종류를 이래저래 가려내고 있지만, 사실 독이 될지언정 그리운 것이 노년기 친구이다. 말을 걸고 묻고, 시비를 걸고 욕을 하고, 백발을 잡아당길지언정 친구가 그리운 것이 노년이다. 약속이라도 한 듯 떠나는 친구들을 보며 길어진 목숨이 야속하기만 하다. 세상에 친구를 대신할 것이 있을까?

나는 세상에는 두 종류의 친구가 있다고 본다. 하나는 보이는 친구이다. 보이는 친구는 그야말로 눈빛과 감정과 희로애락과 기억을 공유하는 친구로 인생의 길을 같이 걸어가는 다수의 동반자들이다. 이런 다수의 친구들 중 누군가는 지우(地友)로, 누군가는 산우(山友)로, 그리고 누군가는 화우(花友)나 칭우(秤友)로 살아간다. 그 많던 친구들은 다 어디로 갔을까? 노년이 된 지금 그들은 우리의 과거 자리를 메우고 있고 기억 속에서 다시 추억이라는 이름으로 불러야, 그제서야 비로소 되살아난다.

다른 한 종류의 친구는 보이지 않는 친구이다. 보이는 친구가 과거의 일상이고 기억의 이름이었다면, 보이지 않는 친구는 현재의 기쁨이다. 이 친구의 이름은 '취미'다. 취미(趣味)의 사전적 정의는 '전문적으로 하는 것이 아니라 좋아서 즐겨 하는 일', '아름다운 대상을 감상하고 이해하는 힘', 혹은 '감흥을 느끼어 마음에 일어나는 멋'을 말한다. 좋아서 하는 것, 아름다움을 이해하는 과정, 그리고 마음의 기쁨이 젖어드는 것이 취미라면, 그것은 '지우(地友)'의 숨결이고, '산우(山友)'의 멋이다. 하고 싶을 때 찾는 것이니 내가 화우(花友)가 되고, 어떤 것이 좋을지 고르니 내가 칭우(秤友)가 된다.

사람을 만나라지만 만날 수 없고, 가족을 만나라지만 냉담하기만 하다면, 친구의 자리를 대신하고 삶을 풍요롭게 하는 곳으로 가자. 지금껏 찾지 않았던 보이지 않는 친구를 찾아가자. 보이지 않는 이 친구는 원할 때 만날 수 있고, 부르는 순간에 내게 오고, 나를 모른 체하지 않고, 가진 것으로 나를 저울질하지도 않는다. 한 번도 나를 거절하지 않는 그 쓸개 빠진 친구를 찾아가 기꺼이 문을 두드리자.

돈 들어간다며 욕을 좀 먹어도 그 쓸개 빠진 친구를 찾아가는 간이 부은 친구가 되어보자. 보이지 않는 친구와의 조우가 있는 그곳이 한유와 유종원이 있는 자리이고, 간과 쓸개를 빼어 서로에게 보여주는 신뢰의 자리이자 일상의 기쁨 자리가 될 것이다.

세대의 썸, 쌍화차!

―――

오늘 모닝커피 하셨나요? 알려진 대로 아관파천, 그 고통의 역사와 더불어 우리나라에서 쓴 커피의 역사가 시작됐다. 러시아 공사관으로 도피했던 고종이 환궁을 하며 역사에 쓰이고, 손탁호텔 정동구락부에서 커피를 나누며 독립협회의 역사 쓰기도 시작됐다고들 한다.

역사적 사실은 둘째 치고라도 이후 100여 년 만인 현재의 우리나라는 가히 커피왕국이라 할만하다. 그도 그럴만할 것이 1인당 3kg 남짓한 커피를 소비하고 연간 396회에 달하는 커피 잔을 기울이며 세계 6위의 커피수입국으로 자리 잡았기 때문이다. 다방커피, 믹스커피, 아메리카노, 라떼 등 이름도 수십 가지이고, 케냐니 콜롬비아니 수입국도 여러 곳이라 신맛부터 쓴맛까지 그 맛도 다양하다.

　카페인이 몸에 맞지 않거나 긴 밤을 하얗게 지새워야 하는 올빼미들조차 조금씩은 홀짝거리는 그 커피를 만드는 전문가를 우리는 '바리스타'라 한다. 이름도 익숙해진 이 단어는 본래 '바(bar) 안에 있는 사람'이라는 이탈리아어에서 온 말이나, 지금은 좋은 원두를 선택하고 커피기계에서 진한 커피를 추출해 각종 재료와 조합하여 맛을 창조하는 커피계의 창조자들을 이르는 말이 됐다. 우리나라에도 한국바리스타 챔피언십대회가 있고, 이미 우리나라 3대 바리스타의 이름은 언론에 오르내린 지 오래다.

　나도 커피를 자주 마신다. 글이라도 쓰는 날이면 어김없이 커피의 김이 솔솔 올라오곤 한다. 제법 커피 맛도 안다고 말할 만하다. 맛과 냄새로 커피의 고향을 알아맞히는 일이 종종 있으니 가끔은 어깨가 으쓱하다. 그런 필자가 요즘 쌍화차에 푹 빠져 있다.

　쌍화차를 알 것이다. 사전적으로 보자면 백작약, 천궁, 숙지황, 황기, 계피, 감초 따위의 가루를 뜨거운 물에 넣고 대추나 잣을 띄우고 달걀노른자를 넣어서 마시는 차로, 피로회복과 허한(虛汗)에 효력이 있다. 집에서 달여먹기는 어렵지만, 종로 단골집에 가면 깊다 못해 찐득하기까지 한 쌍화차를 마실 수 있다.

일단 쌍화차를 먹기 시작하자, 커피 생각은 굳이 하지 않게 됐다. 향긋하고 건강해지는 냄새, 그리고 고소하게 씹히는 잣까지 한 끼 식사를 가볍게 대신 할 수 있겠다 싶은 쌍화차를 마시며, 새삼 우리는 언제부터 쌍화차를 마시지 않게 됐는지를 생각했다.

쌍화차는 노인의 음료인가? 그 옛날 황금다방, 미도다방, 흑다방, 행운다방에서 달걀 동동 띄워 압도적인 냄새와 비주얼을 보여줬던 그 한방차를 요즘 젊은이들은 잘 마시지 않거나, 혹은 싫다고들 한다. 나이 들면 먹게 된다지만, 그렇지도 않다. 본 적 없는 모양에, 맡아본 적 없는 그 음료는 하나둘 모여 있는 노인들의 단골 주문메뉴라는 걸 알기에 동네 유명한 영감 소리 듣는 한둘 말고는 젊은이들은 이내 손을 내젓는다. 그렇다 보니 이제는 냄새를 알고 맛을 알고 효능을 알고 있는 노인들의 전용음료가 되어버렸다.

어려서 못 먹던 커피를 나이 들어 일상적으로 마시게 됐듯, 고종의 용기 있는 도전이 모두의 취향이 됐다. 어디 우리의 일상이 한 번 돌고 끝나는 한 방향 회전이던가? 이제 다시 그 흔하던 쌍화차의 시대가 시작될 것이다. 젊어 못 먹던 쌍화차를 나이 들어가며 주름진 손으로 마시게 되며, 세대는 새로운 취향을 만나게 될 것이다.

요즘 젊은이들은 사랑 대신 썸을 탄다지 않는가? 쌍화차에 빠진다는 말보다는 쌍화차를 시음해보는 기회를 가지면 참 좋겠다. 노인의 맛이 얼마나 그윽한지, 노년의 그 취향이 얼마나 인간적인지, 그리고 흔들리는 치아로도 씹고 싶은 그 잣은 얼마나 고소한지 말이다.

나이 들면 맛있는 게 없고 좋은 냄새가 없으며 재미있는 것도 없다지만, 쌍화차가 맛있고 그 냄새가 좋고 잣을 씹는 재미가 쏠쏠하다. 아직 덜 익은 이 중년의 시점에, 그렇다고 청년도 아닌 인생의 어중간한 지점에서 윗세대의 풍미를 아랫세대에 알리고 싶다. 윗세대의 그 기막힌 취향을 아랫세대에 전하고 싶다. 요즘 사람들은 '가장 좋아하는'이라는 말 대신 '최애(最愛)'라는 말을 쓴다. 필자의 최애 쌍화 단골집은 익선동 '뜰안'에 있다. 우아함을 물에 푼 듯 주인장의 손맛은 매번 중년을 유혹하다 못해 이젠 청년들의 후각에 쌍화차로 최면을 건다. 한 번도 마셔보지 않은 사람은 있어도 한번만 마셔본 사람은 없다. 가서 마신 그 차가 몸까지 뜨끈하게 하니, 쌍화는 차를 넘어 약이 되어 곧 몸을 녹여낸다.

요즘 유행하는 노래 가사를 보니 매운 거 못 먹고 밀가루 못 먹는 아가씨가 남자친구와 썸을 타보겠다고 노래를 부른다. 쌍화차, 그 낯선 한방의 어색함과 넘치는 영양제들이 이길 수 없는 건강한 기분과 우리 젊은 세대가 썸을 타도록 노래를 불러봐야겠다.

세대 간의 통합을 말하는 요즘 시대다. 먼저 세대의 연애부터 해야 하지 않겠는가? 그 썸을 타도록 쌍화차로 주선을 좀 해볼까 한다. 시대의 썸은 각 세대를 건강하게 하고, 낯선 것을 익숙함으로 자리 잡게 하고, 마지막에 경험하는 그 고소함으로 이뤄지는 것 아니겠는가? 세대의 연애, 21세기 시대의 통합, 그 아교는 쌍화차가 될 것이다. 가자, 세대를 마시러! 가자, 시대의 냄새 익히러! 가자, 모두가 고소해지러!!

젊어 유머, 늙어 더 유머:
100세 모델 김형석 교수님,
유동식 교수님과의 대화

————

나와 방송을 하며 몇 번을 뵈었던 연세대학교 철학과 명예교수이신 김형석 교수는 1920년생으로 올해 100세다. 윤동주 시인과 함께 동문수학하던 그 시절 그분이 여전히 좌중을 들었다 놨다 하며 전국을 다니며 강연을 하시니, 그 건강에 놀라고 그 열정에 고개가 숙여진다. 김 교수님의 강연은 워낙 정평이 나 있지만, 그 이면의 유머는 지인들 말고는 잘 모를 수도 있겠다 싶다. 작년 한 뉴스채널에서 영광스럽게도 함께 대담할 기회가 있었고, 뉴스에 들어가기 전 대기실에서 꽤 오랜 시간 교수님과 이런저런 대화를 나누게 되었다. 한참 이런저런 주제로 말씀을 하시더니 필자를 빤히 보시며 "90이 넘으면 죽을 줄 알았어요"라고 말씀하시며 파안대소를 하셨다.

그 말씀에 필자는 함께 웃어야 할지 어찌해야 할지 당황했으나, 김 교수님의 농담이 이어지며 그야말로 배꼽이 빠지게 웃었다.

그리고 윤동주 시인과 같은 기숙사에서 생활했던 분이자 연세대학교 신학과 명예교수님이신 유동식 교수님이 계신다. 신학 분야가 아니고는 잘 모르실 수 있으나 이분은 올해 '꽃다운' 98세시다. 유 교수님께서 직접 '꽃답다'라는 표현을 쓰신 바 있어 이 표현을 쓰는 것이라지만, 실제로 뵈면 이분 역시 2세기에 걸쳐 사시며 모든 세대와 유머를 나누는 분이시다. 한번은 늘 존경하는 분이고 자주 뵙는 분인지라 여느 때처럼 함께 식사를 하는데, 유동식 교수님께서 갑자기 필자를 보시더니 "이 박사, 내가 올해는 죽을 줄 알았어" 하시며 껄껄 웃으시는 거다. 이게 참 듣는 젊은 세대로서는 이 말씀에 웃어야 할지 울어야 할지 모호하던 차, 이어 유 교수님께서 "내년에도 이 말을 할 것 같아!" 하시며 더 크게 웃으시기에 자리에 함께했던 분들과 책상을 치며 웃은 기억이 있다. 90세가 넘으면, 그리고 올해는 명을 달리할 줄 알았다는 그 서글픈 말씀을 두 분 다 어찌나 유쾌하게 하시는지 저승사자도 왔다 도망갈 지경이다.

그런데 생각해보면 이분들의 이 긴 세월이 어떤 퍼즐로 이루어졌을까 생각하게 된다. 1세기 가까이 살고, 또 2세기에 걸쳐 사시며, 일제 강점기, 해방, 한국전쟁, 전후 복구 등 대한민국의 역사와 우리네 부모들의 생로병사를 두루 보셨던 이분들의 삶의 퍼즐 재료는 무엇일까 생각해본다. 이미 자식을 앞세우고, 아내를 앞세우며 넘어야 했을 수많은 고통의 언덕들을 넘어본 이들의 삶의 재료는 우리가 유병장수시대, 어쩌면 죽지 않을 것 같은 이 세대에 중요한 핵심단어가 되지 않을까 싶다.

두 분은 물론 시대의 석학이시고, 가르침을 통해 배출한 제자들의 존경을 한 몸에 받고 계신 분들이다. 이 시대의 풍요 속에 무엇이 부족한 줄 알고 계시며, 다음 세대를 위해 기꺼이 조언해주시는 시대의 멘토이시다. 그러나 내가 개인적으로 만나 뵈며 경험한 두 분은 늘 반가운 미소와 짬나면 터져 나오는 유머의 소유자이시다. 한 번도 슬퍼본 적 없는 듯 주변을 어루만지고, 늘 만면의 미소를 띠고 계시다가 이야기가 무거워진다 싶으면 어느새 주변을 다 뒹굴게 하는 유머를 쏟아내신다. 유머 중에는 우아한 유머부터 속칭 EDPS(음담패설)도 전혀 천박하지 않은 방식으로 가끔씩 들려주시니 듣는 이들은 매 순간 집중하고, 매번 존경심의 게이지가 올라간다. 필자 역시 '나도 이렇게 늙고 싶다'고 자주 생각했다. 흔히 말하는 '성공적 노화'의 모델로서 두 분을 뵈며 나의 늙음을 생각하고 나의 노화를 그려보곤 한다.

이미 늙은 우리 독자 여러분, 그리고 앞으로 늙어갈 여러분, 톨스토이가 우리에게 했던 질문에 대답할 때가 되었다. '사람은 무엇으로 사는가?' 여러분은 톨스토이의 이 질문에 무엇이라 대답하겠는가?

필자는 노화의 모델이신 두 분을 뵈며 내심 이런 다짐을 해보았다. '웃기는 노인이 되자!' 유머를 잃지 않는다면 되겠다. 삶은 늘 무겁고 진중한 것이라고 평생을 배워왔으니, 이제 이 오랜 학습에 '유머'를 양념처럼 MSG처럼 넣는다면 그야말로 늙을 만한 늙음이 되겠다 싶다.

여러분은 어찌 생각하시는지 궁금하다. 어떻게 늙으시려는가? 나와 함께 '웃기는 노인'으로 이 장수시대를 살아보면 어떨지 권해본다. 호호호!

[제3부]
기록의 힘, 역사는 목숨으로 쓴다

밥 좀 먹자. 68×90cm, 장지에 채색, 2013. ⓒ 김난.

노년기 기록의 힘: 일상이 남으면 일생도 남는다

———

우리는 백의민족 단군의 자손
악독한 공산제국 반대격멸에 선봉대가 되리라
우리 젊은이 일어서라
선조의 피를 이어 싸워나갈 대한 반공청년단!

이것은 〈반공청년단가〉 1절 가사이다. 지금 중년인 필자
가 이 가사를 어찌 알까? 이 가사는 내 시아버지의 1952년 5월
4일자 일기의 일부이다. "1950년 10월 15일 전주에서 pw(전
쟁포로)가 되던 날, 그 악독한 공산적구들의 오년간의 쓰라린
학정의 기반 아래서 벗어나는 날 비록 인민군복을 할 수 없이
입고 인민군의 대오를 따라 나왔건만 마음에 굳은 나의 심조

는 변할 수가 있었으랴!"로 시작되는 시부의 일기는 총 3권의 낡은 종이 묶음으로 남아 있다.

일기에는 전쟁기록영화에서나 봤을 내용들이 빼곡히 적혀 있고, 심지어는 전쟁다큐멘터리에서도 볼 수 없던 수용소 내부의 사건들과 감정들이 빼곡하다. 어느 시점에 빨갱이들의 발악이 커졌는지, 수용소 탈출시도는 어떻게 실패로 돌아갔는지 등 수많은 사건들이 일상의 생생한 진술로 남아 있다. 누가 쓰라고 시킨 것도 아니기에 감정은 사건이나 상황과 함께 더욱 생생하게 전달된다. 일기의 힘이다.

그러나 언젠가부터 일기는 학교의 숙제로만 전락해버렸고, 특히 노년기의 일기는 그 옛날 기록보관실에서나 볼법한 것이 되었다. 세대가 분리되고 대화가 줄어들면서 기록이 없고 오로지 몇 마디의 말만 살아있는 지금은 아버지의 젊은 시절을 지켜본 아들도 없고, 할아버지의 과거 일상을 아는 손주들도 없으니 이제 시간과 함께 기억도 사라지리라.

생각해보면 인터넷이 없고 TV가 귀하던 시절, 진귀한 이야기는 모두 할아버지 할머니의 몫이었다. 할아버지 할머니는 이야기보따리를 풀 수 있는 유일한 사람들이었고, 그 이야기들은 사실과 소설이 만나면서 그야말로 조부모들의 입은 풍요의 뿔과 같아 그 이야기는 끝이 없었으며, 이야기를 더 해달라고 조르는 손주들의 칭얼대는 소리도 밤늦게까지 이어졌다. 정보가 넘치는 세상, 전원을 켜면 유머가 흐르는 세상이 되었는데도 기억의 기록이 있던 그때가 새삼 그립다.

　최근 우리 역사를 다시 수학능력시험에 넣어야 하느냐 마느냐 논란이 뜨겁다. 과거 선조들의 삶을 기억하자는 움직임이다. 역사, 그 지나가고 잊힌 이야기를 배우자는 것이다. 그러고 보면 역사책에 나올 것은 아니라도 우리는 도대체 무엇으로 기억될 것인가? 우리가 우리 자녀들에게 '무엇'이 되고 싶다면 그것은 '허공에 떠돌다 없어지는 말'이 아니라 '해묵고 요새 사람들은 잘하지 않는 쓰기', 곧 남겨진 기록이 결국 우리의 자손들에게 '무엇'이 되지 않겠는가? 노년조차 잊고 있던 일상을 적어가는 일을 시작해보면, 다시 시작해보면 어떨까?

　개인의 기록이 세대의 유산이 되고, 세대의 유산은 다시 큰 줄기 속에 들어가 시대의 역사가 된다. 마치 개울물이 바다로 흘러 들어가 대양의 일부가 되듯, 우리의 일상의 기록은 곧 인류의 역사가 된다. 흔적을 알 수 없는 한 사람으로 살 수도 있다. 그러나 노년의 일상의 흔적이 자손들의 정신적 근간이자 자부심이 된다면, 그 흔적은 개인의 흔적이 아니라 시대의 흔적이고 인류의 흔적이 될 것이다.

　나는 내 조부모의 얼굴도 모르고, 그분들에 대해서는 거의 알지 못한다. 아버지로부터 들었던 매우 작은 에피소드 서

너 개를 어렴풋이 알 뿐이다. 그러나 피 한 방울 섞이지 않은 내 시부가 겪은 수용소에서의 3년은 손금을 보듯 알고 있다. 그리고 지금도 일기를 쓰시는 시부가 돌아가시면 보지 못한 나머지 70년의 삶도 알게 될 것이다. 일상이 잊히면 일생도 잊힌다. 그리고 일상이 남으면 일생도 남는다. 이 글을 읽는 분들께 오늘부터 새로이 일상을 적어보시기를 권한다. 오늘 시작한 기록은 반드시 역사가 될 것이므로.

세대의 질문, 노인의 답변

―――

"공부를 어떻게 하면 됩니까?"
"열심히요."
"어떻게 하면 살을 빼지요?"
"먹지 마세요."
"코가 막히면 어떻게 하지요?"
"푸세요."

이런 답을 들으려고 그렇게 용기를 내어 물었던 것은 아니다. 우리에게 필요한 답은 요즘 청년들이 쓰는 말대로 '디테일'이다. 누가 언제 어디서 무엇을 어떻게 왜! 이런 세세한 논리와 자세한 내용, 그리고 이해할 수 있는 설명과 기술! 바로 이런 것들을 알려달란 말이다.

그럼 이런 질문은 어떨까?

"인생을 어떻게 살아야 할까요?"

많은 사람들이 이론을 읊고 철학을 논하고 인생을 내세워 이 말 저 말로 답하지만 좀 더 쉽고 이해가 잘 가는 설명을 듣고 싶다. 이 답 저 답을 살펴보다가 혹시 그 답이 될성싶은 말이 시로 있어 적어본다.

천방지축(天方地軸) 기고만장(氣高萬丈)
허장성세(虛張聲勢)로 살다보니
온몸에 털이 나고 이마에 뿔이 돋는구나, 억!

이 짧은 한 문장으로 우리는 삶을 고치고, 옷매무새를 바로잡는다. 요즘 애들 쓰는 말로 바꾸어보면 이렇게 풀어질까?

막살고 나대고 폼 잡더니 꼴좋다!

좋은 질문은 우리를 좋은 곳으로 데려간다. 좋은 답은 우리를 훨씬 더 오랫동안 좋은 사람으로 살게 한다. 위의 시조는 얼마 전 입적하신 오현스님의 임종게다. 세수로는 87세,

승납으로는 60년이신 신흥사 오현 큰스님의 글을 읽으며 좋은 질문과 좋은 답에 대해 생각해본다.

헛갈리는 것을 묻는 '질문'과 질문의 공란을 메워 지식의 빈자리를 채우는 '답변'도 세월을 입는다. 대개 젊어 질문은 천방지축이고, 중년 질문은 기고만장하며, 세월이 지나도 허장성세인 경우가 많다. 아는 것을 짚는 확인질문, 모르는 것을 묻는 지식질문, 상대방을 떠보거나 욕보이기 위해 던지는 위선질문에 이르기까지 질문은 모든 세대에게 다양한 이유로 던져진다. 어떤 이는 늙어도 천방지축으로 답하고, 어떤 이는 나이 먹어도 기고만장한 답을 던지고, 어떤 이는 사는 세월 내내 허장성세로 답을 한다. 젊어도 보고 늙어도 본 우리 노년들에겐 어떤 질문과 어떤 답변이 좋을까? 모든 세대가 바라고 꿈꾸는 노년, 그 지혜의 대화는 어떤 것일까?

본래 천방지축(天方地軸)의 뜻은 천방이 하늘의 한 구석을 가리키는 말이고 지축이 지구자전의 중심축을 말할 텐데, 이 말이 합쳐지면 '어리석은 사람이 갈 바를 몰라 허둥대는 모습'을 지칭하게 되니 참 희한하다. 그런데 그 말을 서로 떼어서 써보면, 지평을 넘어서 가야 할 방향으로 손가락을 보이고[天方] 움직이지 않는 중심이 되어 세계를 돌아가게 하는 힘[地軸]이 된다. 어쩌면 노년의 질문은 그와 같았으면 한다. 한 발만 떨어지면 가장 형편없는 것이 가장 값지게 만드는 과정이 되니 말이다. 노년의 답은 기고만장(氣高萬丈)이었으면 좋겠다. 기고(氣高)는 높이 숭상할 만한 기운이고 만장(萬丈)은 길이가 만 길이나 되는 대단함을 말하니, 노년의 답이 그러하길 바란다. 그저 내용 없고 길기만 하고[虛張] 명성과 위세[聲勢]에만 집착하지 않는 대화가 이루어졌으면 좋겠다.

그러나 우리가 자신을 돌아보지 않고 천방지축하고 기고만장하고 허장성세할 때 젊은이들은 우리를 '온몸에 털이 나고 이마에 뿔이 난' 세대도깨비처럼 볼지 모르겠다. 그러니 천방지축이 아니라 천방하고 지축하자. 기고만장이 아니라 기고하고 만장하자. 단어의 서로 떨어진 그 거리가 바로 배려의 공간이고, 공감의 자리이며, 세대를 위로하는 노년의 지혜의 자리이고 답의 자리가 될 것이다. 그 자리에서 세대는 숨을 쉬며 위로를 기다리고, 잠시 앉아 삶의 지혜를 물처럼 서로 스며들게 할 것이다. 천방하고 지축하는 시대의 지혜가 흐르고 기고하고 만장한 그 자리가 윗세대에 대한 존경의 외침이 울리는 진공관이 될 것이다. 그러면 젊은이들은 흐르는 지혜를 맛보고 울리는 지혜를 들으며 요즘 표현으로 기꺼이 외칠 것이다. 리스펙트(RESPECT)!!

캥거루족과 노부모, 누가 더 독립박약인가?

———

한 개그우먼이 한때 유행시킨 말이 있다.

"하여간 우리나라 사람들 밥을 먹거나 안 먹거나 둘 중
하나야!"

그러나 이 세상은 가진 자와 못 가진 자, 뚱뚱한 자와 마
른 자, 키가 큰 사람과 키가 작은 사람처럼 둘 중 하나로만 사
는 것이 아니다.

사람은 가진 자이기도 하고 못 가진 자이기도 하다. 뚱뚱
하기도 하고 마르기도 하고, 키가 크면서 동시에 작기도 하다.
그 비교대상이 누구냐에 따라 평가 결과는 달라지기 때문이

다. 극단적으로 한쪽만이라고 생각하면 참으로 착각이다.

그렇다면 장애는 어떠한가? 약하고 의존적이라고만 할 수 있을까? 스스로 걷기는커녕 평생 혼자 물 한 잔도 제대로 마시지 못한 전신마비 노인 환자가 있었다. 이 사람은 스물한 살 때부터 이미 근위축성 측색경화증을 앓아 휠체어 생활을 했다.

남의 도움 없이는 불과 며칠도 넘기기 어려웠던 이 노인은 케임브리지 대학교의 석좌교수이자 영국의 물리학자였고, 우주론과 양자 중력 연구의 1인자였으며, 런던 선데이타임스에 《시간의 역사》라는 책으로 237주 동안 베스트셀러 저자에 이름을 올린 사람, 바로 스티븐 호킹 박사이다.

사실 그의 유명세를 빼면, 그는 혼자서는 아무것도 하지 못하는 중증장애인일 뿐이다. 그러나 유명세로 말하면 이 사람이 바로 갈릴레이와 뉴턴, 그리고 아인슈타인을 잇는 이 시대 물리학의 거장이다. '독립박약'을 넘어 '독립불가' 판정을 받은 이 노인을 보며, 독립과 의존에 대해 생각해보게 된다.

나이가 많이 들수록 의존성이 증가할 수밖에 없다. 뇌는 활동을 기억하나 몸은 돌에 묶어놓은 듯 무겁고, 마음으로는 주고 싶으나 주머니는 늘 비어 있기 때문이다. 노년기에는 몸도, 그리고 우리의 주머니도 도움이 필요한 순간이 마치 약속이나 한 듯 다가온다. 부모로 사는 많은 이들이 이러한 상황을 두고 자식들에게 미안해하고, 이런 미안한 심정을 글로 남기고 비극적이고 극단적인 선택을 하기도 한다. 그러나 사실 이런 미안함으로 자식을 바라보는 부모가 우리나라에서는 절반이 조금 넘을 뿐이다.

서울시에는 가구주인 부모와 동거하는 30~49세 자녀가 2000년 25만 3천 명에서 2010년 48만 4천 명으로 91%나 늘었고, 39.5%에 달하는 이들 30~40대가 여전히 부모에게 생활비를 받아쓰고 있으니 말이다. 노부모가 자식을 부양하는 이런 역부양이 빠른 속도로 증가하고 있다. 청년실업이 증가하고 노동시장에 진입할 시기를 놓친 성인자녀들, 이른바 캥거루족 이야기이다.

안타깝기 그지없다. 그러나 성인자녀들의 이러한 기생이 증가하면서 부모세대의 빈곤율을 높이고 삶의 질을 떨어뜨리는 점은 심각하게 고려할 필요가 있다. 특히 전혀 취업할 의사조차 없는 '만년백수' 아들들의 비율이 증가하고 있고, 높아가는 전세금을 벌려고 무료육아를 맡기려는 딸들의 초인종 소리에 부모들의 한숨이 깊어간다.

이 시점에서 곰곰 생각해보게 된다. 몸이 늙어가며 의존이 부끄럽고 그저 미안할 뿐인 노부모들, 그리고 재산이라고는 달랑 한 채 남아 있는 부모 집에 들어와 부모의 살림과 남은 청춘을 나누고 부부가 간신히 입에 풀칠할 만큼 받아 생계

를 유지하는 그 연금마저 나누자는 자녀들……. 의존과 독립
을 놓고 말하자면 정말 둘 중 누가 더 지독한 독립박약일까?

인생 개척자 '할류'를 시작하다

둘둘 말린 먼지말이가 땅 위를 뒹굴며 황야의 무법자가 빠른 손놀림으로 권총을 빼내어 악당을 처단하고 이내 총구의 연기를 입으로 훅 날리면 영화는 끝이 났다. 우리가 본 서부영화들의 상당수는 선과 악의 구도가 분명하고 결국 악인은 망한다는 권선징악의 구도를 철저하게 구현했다. 〈황야의 결투〉가 그러했고, 〈OK 목장의 결투〉와 〈황야의 7인〉이 그러했다. 죽이고 싸우고 되찾는 과정에서 우리는 앤서니 퀸, 로버트 테일러, 게리 쿠퍼와 클린트 이스트우드에게 열광하고 거울을 보며 표정도 따라해 봤다.

요즘에야 한류가 대세이고, 이에 발맞추듯 미국 빌보드에서는 소녀시대, 빅뱅, 싸이, 그리고 최근에는 방탄소년단이 이름을 올리고 있다. 그때는 우리가 그들에게 열광했고, 이제는 그들이 우리에게 반했다. 그리고 이제 드디어 '할류'의 시대가 왔다!

'한류'가 아니고 '할류'다. 할아버지 할머니 스타들이 세상을 재점령하기 시작했다. 왕년의 청년들이 세월 속에 주름 계급장을 들고 유튜브를 장악하기 시작했다. 평범한 삶을 살고, 싱거울 정도로 일상적인 주제들을 들고 전 세계인이 공유하는 인터넷 현장의 주역으로 급부상하고 있다. 70대 유튜브 스타로 알려진 박막례 할머니의 계모임 화장법은 장안의 화제를 넘어 젊은이들이 이를 재조명하고 있고, 멀리 살고 있는 손주들에 대한 그리움을 글과 그림으로 그려낸 이찬재 할아버지의 SNS 팔로어는 33만 명이 넘는다. 다시 가위질을 시작한 재단사 여용기 할아버지는 손이 열 개라도 모자랄 지경이란다.

서부영화 그 총잡이들에게 열광했던 그 세대가 이제 새로운 영화의 주인공이 되고 있고, 각본 없는 드라마의 주연으로 세대를 넘나들고 시대를 주무르고 있다. 젊은이들에게 아이돌이 있다면, 할매돌과 할배돌이 아이부터 노인에 이르기까지 세대를 통합하는 아교 역할을 시작했다. 노인의 부정적이고 축 처진 퇴색 이미지를 리모델링하듯 새것으로 바꾸어 놓고, 젊은이들과 동떨어져 있는 '갈 세대'가 '올 세대'의 의미로 전달되고 있다. 그 힘은 어디서 오는 것일까?

노년세대들의 개척의 힘이다. 잿더미 속 판잣집에서 밭을 일구고 시멘트를 개어 건물을 올리던 세대의 '개척 연속성의 힘'이다. 그때는 무너져버린 나라를 개척했고, 이제는 배제되었던 자신을 개척하기 시작했다. 늙어도 에너지 수준은 떨어지지 않는다. 젊어서는 모두를 위한 큰 그림을 그렸고, 나이 들어서는 이제 나만의 그림 그리기를 시작한 것이다.

실버화장의 여신이 된 박막례 할머니의 계모임 화장의 핵심은 '더 찐하게, 더더 찐하게!'이다. 더 찐한 화장이 우리의 속마음이었다. 애들 눈치 보느라, 주위 시선 의식하느라 감추어놓았던 빨간 립스틱을 과감히 입술에 두툼하게 바르고 싶던 마음을 꽁꽁 숨기고 있었다. 이제 그 속마음을 꺼내고 진심을 입술에 올리니 '할류'가 시작된다. 손주에 대한 그리움을 너무 크게 말하면 안 될까 싶어 맷돌 위짝 같은 체면으로 눌러놨던 마음을 글로 보내고 그림으로 그려 드러내고 고백했더니 '할류'가 열린다. 신식 양복에 감탄하는 요즘, 시대에 뒤떨어진 낡은 기술이 무슨 소용이겠나 싶었지만 몽유병처럼 집어 들게 된 가위를 잡고 쓱쓱 움직여 다시 자르고 꿰매기를 시작했더니 '할류'가 만들어진다.

우리의 시작은 과거에는 거대한 사회적 목표를 향해 갔고, 현재는 소소한 내면의 목표를 향해 간다. 소확행! 소소하지만 확실한 행복을 두고 솔직한 고백을 했더니, 세대가 환호하고, 시대가 감탄한다. 자, 그렇다면 다른 사람 눈치 보지 않고 내가 하고 싶었던 스타일, 내가 쓰고 싶었던 글, 내가 입고 싶었던 그 옷을 다시 시작해보면 어떨까.

왕년에 서부영화에 열광하면서도 밤낮으로 일해 세운 이 나라의 개척자들이여! 서부의 개척자가 영화였다면, 우리의 개척은 실화였다. 실화의 주인공이여! 이제 새로운 삶의 영화를 만들어가 보자. 혼란 속에서 질서를 만들고, 무에서 유를 창조하고, 가장 값없는 것을 가장 값지게 만들어낸 사회세공의 달인들이여 이제 인생세공을 시작해보자. 나의 스토리를, 나의 문장을, 나의 단어를 말하고, 쓰고, 적어보자. 누가 우리의 이야기와 일상을 보겠냐 싶겠지만, 이야기를 시작하니 세상이 듣는다는 것을 박막례 할머니를 통해 보았고, 막상 문장을 쓰고 그림을 그리기 시작하니 세대가 듣기 시작하고, 녹이 슨 가위를 움직여보니 청춘들까지 거기에 답을 하지 않는가! 앞서는 자들이 있으니 이제 우리도 용기를 내어보자. 시작하고 개척해보자. 이 삶을, 이 인생을!!!

혹등고래의 노래: 늙어서 좋은 것

_____

나이 들면 뭐가 좋을까? 80세 넘은 분들께 여쭈어보니 "별로 좋은 게 없다. 아프고, 별로 할 일도 없고, 그냥 그렇다"고 답변하시는 분들이 많았는데, 질문을 드렸던 27명 가운데 여덟 분의 말씀은 꼭 짚고 싶고 함께 나누고 싶어 적어본다.

첫째, 인사 받는 게 좋다. 이 말인즉 누군가 나에게 머리를 조아리는 게 좋다는 게 아니라, 나이가 들어가면서 사람들이 안부를 묻거나 아는 척하는 것이 그렇게 고맙더라는 말씀이다. 젊어서 인사는 귀찮기만 하고, 받으면 반드시 돌려주어야 하는 give and take의 주제였다면, 나이 들어 받는 인사는 존재를 확인하고 관심을 듣게 되는 중요한 정서공간임을 확인한다는 것이다.

둘째, 구석구석 아프니 좋다. 통증을 즐긴다는 것이 아니라, 여기저기 아프면서 팔다리가 어디에 어떤 식으로 붙어 있고, 몰랐던 몸의 근육이나 뼈마디의 생김도 만져보게 되어 처음으로 스스로를 자세히 만져보고 알아보게 될 기회를 가졌다는 의미이다.

셋째, 치매가 올 나이니 좋다. 나이가 들면서 나를 잊고 가족을 잊는 치매라는 병이 얼마나 무서운지를 실감하게 되었는데, 전에는 그저 가족을 당연한 사람들로 알고, 내 가족이 뭘 좋아하고 어떤 생각들을 하는지 모르고 있다가 치매 진단을 받으니 잊기 전에 더 자세히 알고자 하고 더 잊기 전에 더 만나고 그 손을 만지고 기억하게 된다고 한다.

웰액팅(Well-Acting)과 웰다잉(Well-Dying)이 만나는 지점에 웰빙(Well-Being)이 있다. 잃어가는 순간에 귀함을 발견하고, 사라져가는 순간에 가장 값진 것을 알게 되니, 웰다잉은 웰액팅을 위한 전제가 되고 웰액팅은 웰빙의 자리를 만들어내게 된다. 당연함을 특별함으로 느낄 수 있는 시기, 통증을 자기돌봄의 기회로 해석하는 시기, 지적 고통을 물리적 체험으로 고백하는 시기가 바로 노년기 그 늙음의 기쁨이자 나이 듦의 고백이리라.

그럼 젊으면 뭐가 좋을까? 20세가 채 되지 않은 청소년들에게 물어보니 그 역시 별로 좋은 게 없다. 불확실하고, 간

섭은 징그럽고, 앞날은 막막하기만 하다. 그런데 질문을 했던 19명 중 4명은 참으로 흥미로운 이야기를 했다.

첫째, 인사할 사람이 많아서 좋다. 인사만 하면 칭찬이 나오고, 인사만 잘해도 좋은 사람이라는 평가를 받고, 인사하는 것만으로도 밥이 나오고 떡이 나오는 그야말로 요술봉 같다고 한다. give and take라 인사만 잘해도 관계가 만들어지고 가끔은 용돈도 손에 쥐어진단다. 젊어서 인사는 존재를 드러내고 관심을 창조하는 심리적 공간임을 확인한다는 말이다.

둘째, 잘 아프지 않고 아파도 금방 나으니 좋다. 운동을 하면 금방 근육이 붙고, 뛰고 나면 몸이 개운하고, 독감이 걸려도 집안에서 제일 빨리 낫기에 몸에 들이는 시간보다 주변에 집중할 수 있으니 좋다고 말한다.

셋째, 보기만 해도 촬촬 외워지니 좋다. 공부건 노래 가사건 금방 외워지고 오래 기억되니, 여러 번 안 봐도 되고, 여러 감각을 거치지 않아도 눈만으로도 귀만으로도 척척 읽어낸다. 대충 봐도 이해가 되고 덜 봐도 상상이 되니 좋다 한다.

청춘에게 죽음 에너지는 사라지듯 이동하여 액팅을 강화하고 이것은 다시 존재(Being)를 확인하고 정체성(Identity)을 일구어낸다. 사라짐보다 움직이는 것에 값을 매기고, 존재의 가치를 알아가는 이 청춘의 자리에서는 당연함보다는 특별함이 빛나고, 자기꾸밈으로 자기를 돌보고, 지적 판타지로 물리적 성취를 맛보는 시기가 바로 청춘의 기쁨이나 젊은 날의 고백이리라.

한 드라마에 이런 대사가 나온 적이 있다.

"모든 날이 좋았다. 너와 함께한 시간이 모두 눈부셨다. 날이 좋아서, 날이 좋지 않아서, 날이 적당해서 모든 날이 좋았다."

치기어린 고백으로 들릴 수 있는 이 문장의 단어를 좀 바꾸어보자.

"모든 날이 좋았다. 자신과 함께한 시간이 모두 눈부셨다. 젊어서, 늙어서, 적당히 나이 들어서 모든 날이 좋았다."

젊음은 젊어서 좋다. 늙음은 늙어서 좋다. 봄대로 겨울대로 우리는 계절을 마시고 호흡하고 그 시기의 희로애락이 있었다. 젊음은 추억이 되어 늙은이의 입으로 흘러가고, 늙음은 다음 세대의 청춘의 귀로 흘러들어가 역사가 된다. 우리의 좋았던 모든 것은 흐르고 흘러서 세대의 골짜기를 통과하여 세월의 바다 속에서 우리 모두의 전설이 된다. 바다를 가르는 고래는 바다전설의 주인공들이다. 에너지를 꼬리에 담아 물

밖으로 존재를 쏘아 올리는 돌고래의 날램으로도 살아보고, 연간 2만 5천 킬로미터를 자기 영역에서 돌며 바다의 역사를 쓰는 혹등고래의 웅장함으로도 살아가며 우리는 이미 끓는 피로 역사를 쓰고 이제 족적을 돌아보고 있다. 전설을 써가며 우리는 젊어서 좋은 돌고래로, 늙어서 좋은 혹등고래로 역사의 바다를 헤엄치며 바다 메아리로 울릴 것이다.

수치심은 늙지 않는다

———

젊어서는 사랑에 눈물이 났고, 중년이 되어서는 자식에 눈물이 나며, 나이가 더 들어서는 세월에 눈물이 난다. 별로 맛있는 것도 없고, 딱히 슬플 일도 없는 일상이 답답하기도 하지만, 지난 세월을 생각해보면 참 아쉽고 창피했던 일들이 도깨비처럼 갑자기 나타나 늙은 심장을 두근거리게 한다. 수치심은 왜 나이 들지 않는가?

부끄러움은 늘 순간으로 그쳤으면 좋겠다. 그러나 우리는 잊고 싶은 것을 어김없이 되새김질한다. 그게 죄책감이건 수치심이건 인간으로 살면서 누구나 경험하는 사회적 감정이련만, 다 겪는 그 일이 나의 뇌세포 속에서는 폭탄처럼 터지고, 유탄처럼 매번 가슴에 박힌다. 숨고 싶어도 더뎌진 걸음으로 숨을 곳이 없고, 누구 탓을 하려고 해도 탓할 인간이 벌써 죽은 경우도 있다. 무슨 놈의 세월이 숨을 곳도, 탓할 사람도 없는 시점까지 나를 몰고 와서는 마지막에는 수치심과 정면으로 맞닥뜨리게 한단 말인가! 참으로 잔인하다.

그런데 이 잔인한 수치의 기억은 왜 이리 반복되는가? 더 오래 살아남은 죄인가? 사실 우리도 부단히 노력했다. 수치심, 죄책감을 줄여보겠다고 다른 사람에게 죄를 뒤집어씌운 적도 있고, 나를 피해자 명단에 올리기도 했다. 좋은 사람이 되어 선행을 하면 줄어들려나 해서 착한 일도 해보고 때로는 나보다 덜 잘못한 이들을 더 크게 나무라서 나의 불편한 과거를 가리려고도 해보았다. 가리려고 할수록, 덮으려고 할수록 때가 되면 생일처럼 찾아오는 뼈아픈 감정을 노구에 담아두기에는 너무 무겁다. 자, 이제 어쩔 건가!

과거를 돌릴 수 없다면 사실 간단한 방법 몇 가지는 있다. 첫째, 더 뻔뻔해지는 거다. 어차피 돌이킬 수 없다면 더 철면피가 되면 된다. 그런데 잘 안 된다. 잘되었다면 이 글을 이 지점까지 읽지도 않았을 것이다. 그럼 두 번째로 들어가자. 내자신을 들들 볶는 거다. 나는 죄인이요 과거는 돌이킬 수 없으니 수치심이 지워지는 순간까지 심리의 사포로 박박 문지르는 거다. 나를 괴롭히고 또 괴롭히다 보면 심리적인 상쇄가 되지 않을까 해서 말이다. 하지만 별로 효과가 없다. 해본 사람은 알겠지만, 상쇄는 고사하고 나만 고사 상태가 된다. 사실 수치심을 지금껏 안고 살아가는 것만으로도 형벌인 내게 이건 너무 잔혹한 일이었다. 그럼 세 번째로 넘어가자. 수치심에서 손을 떼라. 수치심은 어차피 잡으려 하지 않아도 저절로 나를 찾아오니 견디려 하지 말고 가만히 있어 보자. 수치심을 이겨보려고 안간힘을 썼던 순간보다 더 빠르게 수치심이 나를 스쳐지나가는 경험을 하게 될 것이다. 그냥 아예 수치심이랑 같이 살아보자. 이 과정을 위해서는 실은 앞서 했던 두 가지를 적절히 가져와야 한다. 즉 적당히 뻔뻔하고 적당히 미안한 마음을 가지는 것이다. 원래 수치심이라는 것이 나를 후려치는 감정이라, 우리는 늘 묻지마 범죄 피해자처럼 수치심에게 얼굴이 돌아갈 만큼 뺨을 맞기 마련이다.

다만, 맞을 때 맞더라도 이건 알고 가자. 지난 세월이 죄책감이건, 수치심이건 아니면 그 둘의 짬뽕이건 간에 수치심을 갖는다는 것은 아직은 인간적이라는 것이고, 죄책감을 느낀다는 것은 아직은 덜 늙었다는 것이다. 더 아파져 고통이 엄습하는 순간 모든 인간은 타인의 고통을 완벽하게 잊게 되고 자신의 고통에만 집중하게 된다. 저절로 완벽하게 이기적인 순간을 맞게 된다는 말이다. 내가 누군가를 향해 죄책감을, 어떤 일에 대해 수치심을 아직 느끼고 있다면, 기억하라. 당신은 아직 덜 뻔뻔하고 더 인간적이며, 아직 덜 늙었고 더 사려 깊은 사람이라는 점을 말이다.

앞으로도 죄책감과 수치심은 귀신같이 우리를 찾아와 비수처럼 자신들을 우리의 심장에 가차 없이 내리꽂게 될 것이다. 벌써 30년째, 40년째, 50년째 우리는 매 순간 그들에게 당해왔다. 그러나 이제는 기꺼이 맞아보자. 죄책감을 더 인간적으로, 수치심을 더 사려 깊게 만나보자. 오른뺨을 치거든 왼뺨을 돌려대라. 그러면 수치심과 종속관계가 끝나고 수평관계로 바뀌게 될 것이다. 겉옷을 달라 하거든 속옷까지 홀라당 내어주어라. 죄책감에 대한 공포가 끝나고 새로운 관계로 들어가게 될 것이다. 수치심아, 죄책감아 와라. 어서 와라. 언제까지 어깨춤만 추게 하려느냐. 더 인간적으로 맞아주마, 더 사려 깊게 만나주마. 이런 마중과 이런 만남으로 청춘을 얻고 수치심은 힘을 잃으리니, 단언컨대 수치심을 해석하라. 그러면 그의 주인이 되리라!

어떤 노인의 꿈

———

우리나라 가수 중에 '봄여름가을겨울'이라는 남성듀엣이 있다. 1988년에 자신들의 이름과 같은 《봄여름가을겨울》이라는 앨범을 낸 이래 지금까지 음악활동을 해오며 음악애호가들의 사랑을 꾸준히 받고 있다. 유명한 곡들이 많이 있지만, 그중에 〈어떤 이의 꿈〉이라는 곡이 있다. 가사는 대략 이렇다.

어떤 이는 꿈을 간직하거나 나눠주고 살고
어떤 사람은 꿈을 이루려고 살고
또 잊은 채로 살기도 하고 꿈이 없다는 사람도 있다
세상에 이런 많은 사람들이 꿈이 있는데
나는 꿈이 없으니 도대체 나는 누구인가?

꿈을 가진 사람들 혹은 꿈을 운운하는 사람들에게 대한 부러움과 아무 꿈도 없는 자신을 향한 존재론적 질문을 던지고 있다.

아마 모르긴 해도 인류 중에 가장 꿈이 없는 사람들은 노인들일 것이다. 이제 선거에서도 유권자의 1/4이 노인인 노인들 세상이 왔다는 걸 확인했으니, 꿈이 없는 국민이 1/4인 셈이다. 물론 새로운 꿈을 꾸는 분들도 계시겠으나, 어제는 오늘 같고 오늘은 다시 내일 같다 말하는 이가 있다면 그는 꿈이 없는 이가 분명하고, 놀랍게도 상당수의 노인들은 같은 고백을 한다.

천지가 노인인 세상이다. 하지만 인류는 늘 그래왔다. 노인을 지혜로 구분하던 시대에는 40대에도 노인 소리를 들었고, 노인을 연령과 행정으로 구분하는 시대에는 65세부터 그 시작이라고 한다면, 우리에게는 늘 노인들이 주변에 있었다. 그리고 과거나 지금이나 노인들의 삶도 별로 달라지지 않았다. 사회에서는 은퇴를 하고 지혜와 경험을 나누면서 젊은 세대들의 존경과 돌봄을 받으며 남은 생애를 살게 되니 노년기 남은 역사는 다들 비슷하게 써가게 된다.

노인은 여전히 많고 노년기의 삶도 비슷하지만, 노년기에는 서로 다른 고백을 한다. 어떤 이는 내 삶은 좋았노라 고백하고, 다른 이는 힘겹고 어려웠노라 말한다. 이런 과거의 진술 방향을 바꿔 미래, 꿈 이야기로 가보자. 그리고 앞서 언급한 '봄여름가을겨울'의 〈어떤 이의 꿈〉을 〈어떤 노인의 꿈〉에 넣어보면 이렇게 된다.

어떤 노인은 꿈을 간직하고 살고
어떤 노인은 꿈을 나눠주고 살며
다른 노인은 꿈을 이루려고 사네
어떤 노인은 꿈을 잊은 채로 살고
어떤 노인은 남의 꿈을 뺏고 살며
다른 노인은 꿈은 없는 거라 하네
세상에 이처럼 많은 노인들과
세상에 이처럼 많은 개성들
저마다 자기가 옳다 말을 하고
꿈이란 이런 거라 말하지만
나는 어떤 노인인가 내일을 꿈꾸는가
나는 어떤 노인인가 아무 꿈 없질 않나
나는 어떤 노인인가 내일을 꿈꾸는가
나는 어떤 노인인가 혹 아무 꿈

나는 매일 노인을 만나고 함께 삶의 고민을 나누고 이들과 새로운 꿈을 꾼다. 상담을 하며 매번 발견하는 것은 '노인

집단'은 꿈이 없어 보이나, '노인 개인'은 꿈이 '있었'다. 다만 좌절되거나 노인으로는 불가능하다고 생각했던 꿈이었기에 늙기도 전에 지는 청춘의 기억과 함께 묻어둔 경우가 대부분이었다.

감히 이렇게 말하고 싶다. "노인 여러분, 이제 묻어둔 꿈을 좀 꺼내야겠습니다." 타임캡슐에 넣어둔 과거의 흔적 같은 꿈이 아니라 아직도 펄떡이며 뛰고 있는 심장의 기억창고에 들어 있는 생태 같은 꿈을 꺼내시길 호소한다. 살아본 노인들만 할 수 있는 이야기가 있지 않은가? 목숨은 쉽게 끊어지는 게 아니라는 것을 말이다. 어차피 우리는 길게 살아야 하고, 우리가 무엇을 생각하건 그 이상으로 오래 살게 될 것이다. 그러니 꿈을 꾸고 실현할 시간이 많다. 젊어서야 바쁘고 먹고사느라, 자식들 살리느라 뒤켠으로 보내었던 그 꿈. 이제는 시간도 많고, 자식도 다 컸고, 먹고사는 거야 앞으로도 크게 달라지지 않을 터이니, 이제 제대로 꿈을 꺼내어보자. 중년의 '봄여름가을겨울'의 노래를 아직도 중년의 심장 그 꿈이 뛰고 있는 노년에 한번 불러보자. 그 존재론적 노래를, 그 꿈의 노래를 불러보자. 꿈을 못 이루면 어쩌냐고? 아니면 말고 아닌가? 실패와 좌절엔 이미 인이 박인 몸, 한번 해보자. 안 되면 말고!!!

배호, 우리의 노래

〈누가 울어〉, 〈돌아가는 삼각지〉, 〈안개 낀 장충단공원〉 하면
가수 배호다. 신장염으로 29세에 요절하기에는 참으로 아까
운 기억이다. 배호의 아버지는 광복군이었고, 찢어지는 가난
에 시달리다가 드럼으로 시작한 음악은 국민의 심장을 파고
들어 돌이 되었고, 이제 기억의 앨범과 전국에 세워진 4개의
노래비로 남아 있다.

특히 〈돌아가는 삼각지〉는 음악차트 사상 드물게 20주
넘게 연속 1위를 기록했고, 이 곡으로 배호는 가수 사상 드물
게 첫 히트곡 1위 후 4개월 만에 10대 가수에 선정되기도 했
다. 돌아간 지 48주년이지만, 배호를 기념하는 전국모임은
16개 시도에 지부가 있고, 국내뿐 아니라 미주 6개 지부 중국,

일본, 호주, 칠레 등 13개 해외조직도 있다. 팬들이 묘소까지 관리하고, 배호 여동생의 병원비에 장례식까지 치러 배호 옆에 안장했다니 마지막 숨까지 노래했던 배호만큼이나 배호에 대한 기억은 뜨겁다.

누군가를 기억한다는 것은 무엇일까? 왕십리 똥파리를 기억하고, 윤보선과 제5공화국을 기억하고, 하꼬방과 대폿집을 기억한다. 모든 것을 겪어도 기억은 늘 특별한 것에 남아 있다. 의미기억이라고 하는 이 기억들은 대상을 가장 오래 기억하도록 하는 과정이다. 우리는 삼각지를 지나면 배호를 기억하고, 장충단공원에서 배호를 되새긴다.

아무것도 보이지 않는 암흑과 같은 과거 속에 노래 한 자락이 우리의 자리를 기억하게 하고 가장 뜨거운 청춘을 기억하게 한다. 삶을 기억한다는 것은 곧 자신의 자리가 아니라 타인의 자리를 통해서다. 다른 사람의 흔적을 통해 나의 자리를 기억하는 걸 보니 우리는 모두 배호의 퍼즐조각이다. 배호는 우리의 퍼즐이 되고, 우리는 다시 배호의 퍼즐이 된다. 주변을 둘러보라. 가장 오랜 사람들의 흔적에서 가장 해묵은 나의 기억이 쏟아진다. 기억의 집단 동창회를 통해 나의 과거의 마지막 퍼즐이 맞추어진다.

과거 우리의 삶의 자리에 있던 모든 기억이 우리의 동창들을 통해 쏟아진다. 국민학교, 중학교를 다녔던 기억들, 라디오와 TV를 보며 따라 했던 그 노래들, 울고 웃었던 드라마와 코미디, 이 모든 것이 각각 허브가 되어 나의 과거를 구성하고, 이들이 다시 현재의 나를 호출한다.

배호는 우리에게 무엇인가? 배호는 우리의 의미기억이자, 우리의 과거조각이다. 공전의 히트를 쳤던 그 기록이 우리의 기억이고, 아직도 웅얼거리는 노래가 우리의 과거이다. 우리는 타인을 통해 스스로를 기억한다. 그러니 이제 주변을 둘러보자. 나의 과거들이 현재를 걸어 다니고 있다. 나의 기억집합소들이 '친구'라는 이름으로, '가족'이라는 이름으로, '웅얼거림'이라는 습관으로 나를 구성하고 있다. 참으로 나의 과거들이 나를 둘러싼 현재가 된다.

그리고 우리가 살고 있는 현재가 이제 곧 나의 미래가 될 것이다. 우리가 현재를 열심히 살아야 하는 이유는 현재가 미래의 모자이크이기 때문이다. 배호가, 그리고 그의 노래가 우리의 현재가 되듯, 지금 나를 둘러싸고 있는 바로 그 사람, 그 음성이 곧 나의 미래가 될 것이기 때문이다. 그리고 우리를 바라보는 젊은 세대의 목격담은 곧 그들의 미래가 될 것이다. 그들이 본 것이 우리이고, 우리는 곧 그들의 기억이 될 것이기 때문이다.

우리는 본 적도 없고 만난 적도 없는 배호를 기억하고 배호를 노래한다. 우리의 젊은 세대들은 만진 적 없고, 마주친

적 없는 우리를 '세대'라는 이름으로 기억할 것이다. 우리의 흔적이 우리 '세대'의 기억이 되고, 곧 그 목격자인 젊은 세대의 미래가 될 것이다. 그러니 우리는 열심히 살아야 한다. 정의롭게 살아야 한다. 한 번도 그리 살지 못했다 하더라도 그리 살아야 한다. 우리가 다음 세대의 미래가 되고, 기억이 되고, 모자이크가 될 것이기 때문이다. 배호를 아는 이들이여, 배호의 노래를 기억하는 이들이여! 젊은 세대가 우리를 알게 하자. 우리를 아름답고 정의롭게 기억하게 하자. 그것이 바로 배호가 우리에게 남긴 노래이다.

늙은 로커, 한대수

———

이 사람들을 아시나요? 연희전문학교를 설립하고 연희전문 신학대 초대학장과 대학원장을 지낸 한영교. 연세대학교 신학대학 도서관 명패에 아직도 이름이 적혀 있는 이 사람을 아는 이는 거의 없을 것이다.

그리고 또 한 사람, 전쟁 끝에 끼니도 잇기 어렵던 시절인 1955년에 미국 코넬 대학교로 핵물리학을 공부하러 갔다가 홀연히 실종되어 결국 FBI에 의해 발견된 한창석.

한창석은 수소폭탄의 아버지로 불린 에드워드 텔러 박사의 수제자였고, 실종되었을 당시 수소폭탄 제조기술을 본국으로 가져가지 못하게 하기 위해 미 CIA가 제거했다는 소문이 돌기도 했던 수재 중의 수재였다.

그리고 또 다른 한 사람 박정자. 부유한 사업가 집안의 맏딸이자 피아니스트로 살다가 한창석과 결혼한 미모의 여인.

20세기를 통과하며 우리나라 역사에 지금도 회자되고 있는 이 세 사람은 이제는 한 사람을 설명하기 위해 동원되는 보조출연자들이 되었다. 연희전문신학대 초대 학장은 그의 할아버지로, 핵물리학자 한창석은 그의 아버지로, 피아니스트 박정수는 그의 어머니로 존재한다. 바로 포크로커 한대수이다.

1948년 부산에서 태어나 가수이자 작사가, 작곡가이며 편곡자이고 사진작가로도 명성을 날렸으며 라디오 DJ, 방송인, 그리고 영화배우까지. 어떤 이름으로 불러도 손색이 없으나 그에게 붙는 첫 이름은 늘 '한국 모던록의 창시자', '한국 포크록의 대가'이다. 명실상부 그는 '전설의 로커'이다.

전설의 로커도 늙는다. 한대수는 이미 칠순이 넘었고 백발이 귀를 덮고, 수염마다 희다. 찡그려야 생겼던 주름은 가만히 있어도 보이고, 배의 크기만 보면 출산이 임박한 산부같다. 요즘 그는 그 배에 알코올로 고통 받는 아내와 이제 초등학교를 졸업할 딸을 품고 살아간다. 누군가는 그의 아내를 욕하고 누군가는 딸에 대한 격한 사랑을 반복적으로 말한다. 그러나 늙은 남편 한대수는 아내에게 그 흔한 욕 한마디 하지 않으며, 늙은 아버지 한대수는 단 한 번도 힘들다며 철부지 딸을 밀어내지 않는다.

누군가 록은 정신이고 문화이고 태도이며 저항이라고 말했고, 다른 누군가는 록의 유일한 경쟁자는 유일신 종교와 파시즘이라 했다. 록의 오만함 속에서 한대수를 바라보라. 그러면 놀랍게도 그의 록음악에서는 오만함이나 독선이 가득한 근본주의자의 음성이 들리지 않는다.

오히려 그의 음악 속에 서면 차디찬 기타 줄에서 뜨거운 온도가 느껴지고 거친 음색에서는 돌봄이 들린다. 굳은살 박힌 주름진 손으로 알코올중독으로 신음하는 아내를 끌어안고, 쇳소리 나는 성대로 딸에게 사랑을 고백한다.

이 늙은 로커의 돌봄의 자리에 들어서며 나는 그 안에서 예수를 보고 부처를 본다. 약하디 약한 두 영혼을 끌어안은 채 세상을 향해 지금도 그는 이렇게 말한다.

장막을 걷어라 너의 좁은 눈으로 이 세상을 떠보자
창문을 열어라 춤추는 산들바람을 한 번 더 느껴보자

늙은 한대수가 부르는 이 노래의 비트는 여전히 빠르다. 로커 한대수의 심장 박동은 한 번도 느려진 적이 없다. 그는 남은 삶으로 더 강하게 끌어안고, 남은 열정으로 더 뜨겁게 사랑하며, 남은 소리로 더 크게 세상을 울리니, 한대수 그의 노래가 곧 그 자신이고 그의 삶이 곧 종교이다.

노인 올림픽, 실버 월드컵

올림픽은 고대 그리스에서 제우스신을 기리기 위해 올림피아에서 4년에 한 번씩 치르던 제전이었다. 참가선수들은 완벽한 나체로 경기를 했고 우승한 선수들은 상금 대신 월계관을 받아 일생의 명예로 삼았다. 오랫동안 인류의 뇌에서 잊혔던 이 대회는 근대에 와서 쿠베르탱 남작의 제안으로 1896년 아테네에서 1회 대회로 새로운 생명을 얻었다.

그리고 4년마다 이어지는 올림픽도 그 이력을 바꾸어왔다. 1900년에는 여자선수가 경기에 참가했고 급기야 2012년 런던올림픽에서는 아랍국가에서 최초로 올림픽에 참가한 여자선수가 나왔다. 한쪽 팔만으로 세계 탁구를 제패하겠다고 나선 선수도 있었다.

장애와 성별의 장벽을 넘어 도전하는 진정한 올림피언들이 속속 올림픽의 그림을 바꾸고 있다. 그러나 생각해보면 올림픽, 가장 뜨거운 심장과 가장 강한 근육을 가진 자들만이 참여할 수 있는 이 세계의 축제는 그야말로 그들만의 리그이다. 수십 년 동안 올림픽을 보아왔어도 주름이 지고 머리가 희끗한 선수는 본 적이 없다. 세계인의 축제 올림픽! 그 축제의 현장에서 노인들은 외계인일 뿐이다.

물론 그 와중에 노인선수가 있었다. 지난 2012년 런던올림픽 승마부문에서 일본의 호케쓰 히로시가 15세 된 늙은 애마 위스퍼를 이끌고 나타난 적이 있었다. 물론 그가 처음은 아니다. 1920년 벨기에에서 열린 제7회 앤트워프올림픽에서 사격부문에 출전한 72세 오스카 스완이 있다. 그는 60세였던 1908년 런던올림픽에 첫 출전하여 중절모를 쓰고 수염을 덥수룩하게 기른 채 개인전과 단체전에서 모두 금메달을 따내 2관왕이 되었다.

그의 메달이 빛난 지 100년이 다 되어가는 지금까지도 올림픽 최고령 선수이자 최고령 메달리스트인 스완은 이후 올림픽에 세 차례나 출전해 금메달 3개, 은메달 1개, 동메달 2개로 당시 올림픽 메달을 휩쓸었다. 그뿐만이 아니다. 그는 이미 1912년 스톡홀름올림픽에서도 금메달을 따내 최고령 올림픽 우승자로 유명했다.

오스카 스완이 올림픽을 휩쓸었던 1920년대 미국인 평균수명이 63세(참고로 1920년 우리나라 평균수명은 25세)라는 사실을 생각하면 그의 노익장이 어느 정도였는지 가히 짐작할 만하다. 그러나 이 두 선수의 선전을 역대 올림픽에 참여한 젊은이들의 숫자에 비교한다면 60억 인구 중 UFO를 봤고 외계인을 봤다는 인류 숫자와 비교할 만할 것이다.

우리 노인들을 위한 올림픽은 없는가? 100세시대에 새벽마다 뛰고 달리는 노인세대들을 위한 올림픽은 왜 없을까. 근대올림픽의 아버지라는 쿠베르탱이 주창한 '더 빨리, 더 높이, 더 힘 있게(Citius, Altius, Fortius)'라는 말에서 보듯, 올림픽은 누가 더 빨리 달리는가, 누가 더 높이 날고, 더 멀리 뛰어오르는가, 누가 더 세게 던지는가 등 체격조건이 우수하고 강하고 빠른 사람들에게 일방적으로 유리한 경기이다.

만일 그 주제어를 '천천히', '안전하게', '부드럽게'로 바꾸면 어떨까? 올림픽처럼 엄청난 양의 에너지를 필요로 하지 않고, 그리 극적이지도 화려하지도 않은 소박한 방침을 유지하고, 경기가 끝나고 난 뒤 누구의 몸 상태가 더 좋아지고 힘이 보충되었나를 기준으로 승패를 가리면 어떨까? 지독한 경제논리에 갇힌 다수의 청춘 판매상들에게 먹힐 리 없을 것이지만 말이다. 그래도 100세시대라는데, 모두가 결국 늙는다는데, 곧 노인이 인류의 주인이 된다는데 한번 해보면 안 될까?

달콤한 비밀: 노인들의 저장 강박

함지박을 아는가? 함지라는 것은 큰 나무를 쪼개어 그 안을 파내어 만든 큰 그릇을 말하며, 떡가루를 버무리거나 반죽할 때, 또 김장소나 깍두기를 버무릴 때 사용하는데, 무겁기도 하지만 워낙 튼튼해서 가정에서 대대로 물려 사용했다. 요즘은 스테인리스에 합성 플라스틱까지 담아내는 그릇이야 질려서 못 쓰지 없어서 못 쓰지는 않는다.

흔하디흔한 게 물자이고, 널리고 널린 게 물건이라, 재활용하는 날 나가 보면 멀쩡하다 못해 내다 팔아도 될 것들도 쓰레기로 나온다. 주워다 쓰기도 너무 많다 보니 쓰레기마저 풍요인 세상을 보며, 우리가 이렇게 살아도 되나 싶은 생각이 들곤 한다.

사실 쓸만한 것들을 어김없이 주워오는 이들은 정해져 있다. 없어서가 아니라 아까워서, 부족해서가 아니라 버릴 수 없어서 집에 들인다. 괜한 물건을 들고 들어온다고 욕을 먹을까 봐 들었다 놨다를 몇 번이나 하지만, 이내 물건은 가구가 되고 식기가 되고 급기야 식구가 된다. 젊은이들이야 창피해서 못 만지고, 중년이야 넘쳐서 안 가져오니 주인공은 정해져 있다. 노인들이다. 구질구질하다는 말도 이젠 익숙하고, 쌓아두는 것이 비효율적이라는 말도 귀에 딱지가 앉도록 듣지만, 오늘도 들고 들어온다. 왜 우리는 쌓는 자가 되었나?

태어나서는 지독하게 가난했고, 일제강점기에는 수도 없이 빼앗겼고, 전쟁통엔 포화 속에 모든 것을 잃었고, 보릿고개엔 징그럽게 굶어봤다. 어려서는 없어서 못 먹었고, 결혼해서는 애들 먹이느라 못 먹었다. 가난하다는 말이 어울리지 않을 정도로 궁색하고 비참하게 하루 삼시 세끼를 그리워했던 날이 하루 이틀이 아니었다. 그리고 그렇게 '굶음'의 기억은 몸이 아니라 마음에 남는다.

'굶음'은 머리에 흔적을 남긴다. 지금 모으지 않으면 다시 굶게 된다는, 지금 저장하지 않으면 곧 사라질 수도 있다는, 빈 공간은 곧 가난이라는 '강박'이 우리의 머리를 지배하게 된다. 매를 맞아도 먹고 싶었던, 훔쳐서라도 배를 채우고 싶었던 기억은 썩어도 못 버리게 하고 모아도 또 들고 들어오게 한다.

　물론 잘 알고 있다. 가져와도 쓸 곳도 없을뿐더러 쌓아둔 물건으로 치자면 다음 생애까지도 다 못 쓴다. 그러나 버릴 수 없고, 빈 공간을 남길 수 없다. 버림은 다시 궁핍으로 가는 길을 내는 것이고, 저장은 궁핍의 공간을 메우는 지름길이니 말이다.

　그러나 과연 우리는 가난에서만 저장의 이유를 찾아야 할까? 저장이 박탈에 대한 트라우마 때문에만 발생할까? 아니다. 저장은 성취의 결과물이고, 저장은 지난 시간 노력의 전리품 전시회와 같다. 아는 것을 말하는 선생처럼 우리는 간장과 된장을 담는다. 숙련된 기술자처럼 나물을 말리고, 과학자의 실험처럼 매실청을 담는다. 정기적금을 넣으며 통장에 찍힌 숫자를 보는 기쁨으로 우리는 저장한다. 그리고 우리의 저장, 그 버리지 않는 습관으로 인생의 축제를 저장한다. 배냇저고리로 이제는 귀밑머리가 희어져가는 아들 탄생의 기억을 보존하고, 이젠 중년이 된 딸의 첫 일기장을 펼쳐 일곱 살 소꿉놀이 기억을 전달한다. 박물관에서나 볼 인두 다리미와 안테나를 벌려야 하는 대한전선 14인치 흑백텔레비전, 100년이 넘게 써서 중앙이 우묵 들어간 목침, 〈진품명품〉에나 나올 법한 얼룩진 병풍이며, 곳곳에 떨어져 있던 삐라, 쓰지 않는 연탄집게, 속이 빈 좀약통, 88성냥통까지 세월이 아니라 삶의 기억을 저장하고 있다. 하나하나가 모두 이야깃거리이고, 기억의 함지박이다.

왜 모으냐고 묻거든, 왜 또 주워오느냐고 핀잔하거든 이제는 이리 대답하자. 기억을 모은다고, 이야기를 저장한다고. 아무도 모르게 모은 기억, 누구도 모르는 이야기를 저장하는 그 기쁨, 그 달콤한 비밀을 누가 알까?

노년기 행복과 재테크의 공통점

———

풍요롭게 살고 행복하게 살자는 슬로건이 21세기 노년들의 인생목표처럼 된 요즘이다. 세계의 석학들이 노년기를 행복하게 보내는 방법을 골몰하며 연구 중이고, 이 '성공적 노화'를 위한 고투의 열매들이 속속 나오고 있다. 그중 로우와 칸의 연구 결과는 가장 인정받는 결과물로 평가받는데, 주제는 크게 세 가지이다. 첫째는 질병이 없고 장애가 없는 것이요, 둘째는 신체가 건강하고 정신이 건강한 것이며, 셋째는 적극적으로 인생을 살아가는 것이다. 물론 우리나라에서는 자식이 잘되는 것이 네 번째 항목으로 들어가긴 한다. 아무튼 이렇게 잘살자는 연구 결과들이 점차 나오고 또 그에 따라 살려다 보니 돈 문제가 한결 중요해졌다.

성인자녀들에게 유산을 주는 문제를 두고 어르신들 사이에 우스갯소리가 돈다. 유산을 안 주면 맞아죽고, 반만 주면 목 졸려 죽고, 다 주면 굶어죽는다! 또, 아들은 큰 도둑이고 딸은 귀여운 도둑이며, 손주는 좀도둑이고 며느리나 사위는 망보는 사람이란다! 서울에 사는 30~40대의 15%가 노부모에게 돈을 타내 살고 있는 캥거루족이라니, 이래 뜯기고 저래 뺏기는 인생이 되어버린 요즘 시니어들에게 길어진 노년기는 더없이 '돈'이 필요하고 돈관리가 중요한 세상이 되었다.

한 경제전문가가 말하기를 1970~1980년대는 저축의 시대이고, 1990~2000년대는 투자의 시대이고, 그 후부터 지금까지는 절세의 시대라 했다. 30~40대 저축을 했던 사람, 50~60대 투자를 했던 사람, 그리고 지금 절세를 해야 하는 사람들은 모두 같은 사람들, 곧 지금의 노년이다. 참 열심히 살고, 참 신중했다. 그러나 지금은 정보가 넘쳐나는 세상인데도 우리 노년들은 어찌해야 할지 모르는 상황이 되어버렸다.

가만히 생각해보면 행복과 재테크가 노년에 가서는 무척 비슷한 특징을 갖는다. 첫째, 누가 주지도 않고 늘 소소하다. 둘째, 찾으려 해도 별로 찾을 게 없다. 셋째, 그 규모가 더 커질 것 같지 않다. 넷째, 까딱하면 다 날아간다.

그러나 걱정만 하지는 말길 바란다. 아련하기도 하고 불안하기도 한 행복과 재테크가 노년기라고 마냥 사그라지는 것만은 아니기 때문이다. 그렇다면 노년기 행복과 돈을 잘 다루는 방법은 무엇이 있을까? 이 두 마리 토끼를 잡기 위한 공통의 원칙들만 잘 지킨다면 노년기에도 충분히 행복하고 돈 문제로 고통 받지 않을 것이다.

먼저, 전문가를 찾으라. 몇십 년 동안 다루어왔던 방식으로는 달라진 몸, 달라진 돈의 개념, 변해버린 가족과 문화 등을 모두 이해하고 적응하기에는 역부족이다. 이때의 부족을 메우기 위해 기꺼이 전문가를 찾아가라. 현실적이고 적용 가능한 답변을 얻어올 수 있을 것이다. 둘째, 가까운 곳에서 찾으라. 파랑새 이야기에 나오듯 행복은 벽지와 같은 가족의 일상 속에 있고, 늘 스쳐지나가는 사람들을 보았던 내 얼굴 바로 그 콧등에 있다. 돈 관리 역시 멀리 있지 않다. 가까운 은행이나 세무서, 심지어 법원에서도 재무상담을 해주고 있다. 기꺼이 걸어가 문을 두드리라. 셋째, 반드시 믿을 만한 곳을 찾으라. 행복은 바로 가까이 있는 내 배우자나 내 가족처럼 가장 오랜 파트너에게 있다. 금융 역시 가장 안전한 창구를 찾는 것이 중요하다. 신뢰가 검증된 장소가 필요하다. 사금융이나 계처럼 면식은 있지만 안전이 보장되지 못하는 곳은 결코 노년을 지켜주지 못한다. 오히려 위협의 요소가 될 수 있다. 행복은 모든 위기 속에 함께할 대상에게서, 그리고 재산관리는 가장 안전한 대상에게서 찾자.

노년기 행복과 재테크 관리가 부족하면 일상이 '곤란'해지고 곧 '고난'이 찾아온다. 그러나 잘 관리된 행복과 재테크는 '기쁨'이 되고 '기분'도 좋아질 것이며, 황혼의 일상에 '보장'된 '보람'이라는 배지를 달아줄 것이다.

[제4부]
사람들은 해석자를 찾아온다:
창조적 콜라주, 노인

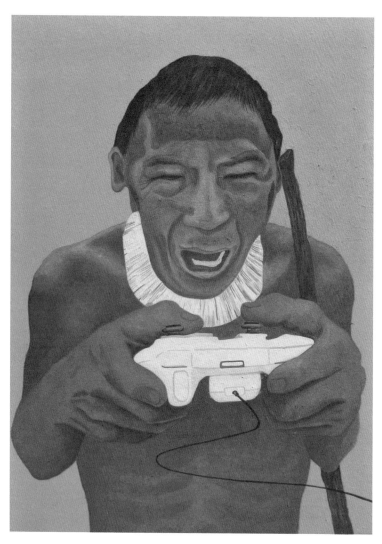

게임보이(game boy). 33×24cm, 장지에 채색, 2013. ⓒ 김난.

망각, 그 치료의 역설

피의 맹세를 나눈 사이, 즉 혈맹은 동지를 위해 기꺼이 목숨을 버린다. 성경구절에 나오듯 이웃을 위해 목숨을 버리면 이보다 큰 사랑이 없을 것이다. 그러니 혈맹이란 인간적 약속 이상의 결연한 계약이요, 의연한 약속이라 할 것이다. 때로는 손가락을 걸고, 때론 손바닥 전부로 자신의 맹세를 보이기도 하며, 피를 내어 충정을 보이기도 한다. 배우자와 나눴던 금가락지 그 작은 금속에 우리는 미래를 서로 묶었고, 그 성스러운 계약은 가장 아름다운 약속이었다. 그러나 세월은 약속마저 앗아간다.

   늙도록 함께하겠다던 친구는 약조를 버리고 먼저 세상을 뜨고, 파뿌리가 되도록 사랑하겠다던 아내는 주름의 깊이

만큼 바가지를 긁는다. 그나마 긁던 바가지도 아프니, 늙으면 가만히 안 두겠다던 그 힘찬 맹세마저 그립다. 야속한 세월은 친구의 우정맹세를 흐리고, 아내의 사랑기억도 매정할 정도로 빠르게 지워버리기 일쑤다. 이렇게 세월 속에 우리의 맹세는 과거가 되고, 과거는 늘 망각 속에 흐려지고 속절없이 흘러가 버린다.

그런데, 그게 좋다! 아니, 그래서 좋다. 생각해보라. 우리가 잊지 않는다면 어떨까? 지켜야 할 약속이 발목을 잡을 것이다. 지키지 못한 약속이 아니라, 지키지 못했다는 기억이 우리의 심장을 쥐어 짤 것이다. 약속은 잔상이 아니라 선명한 도장처럼 우리의 가슴에 박혀 못이 됐을 것이다.

적절히 잊는 망각이 있어 고통을 슬쩍 넘어갈 수 있다. 우리가 모든 것을 기억하면 어쩔 뻔했는가? 늙도록 속을 썩였던 그 인간의 융털돌기까지 찾아가 복수하고야 말 것이다. 무시했던 순간들, 숨죽이게 만들었던 그 아찔한 통증의 시간들, 매번 다짐을 무너뜨리는 뻔뻔함의 기억들이 나노 수준의 기억으로 살아난다면 어떨까?

이 모든 순간들은 고마우면서 놀랍게도 가끔 나타나기는 하나 결코 선명하지는 않다. 너무 많아 다 기억할 수 없어서이건, 기억의 용량이 딸려서이건, 뇌가 축소돼서이건 간에 우리는 '너무' 기억하지는 않는다. 망각, 그 레테의 강물은 그래서 때로 우리에게는 달디달다. 진짜 우리의 문제는 '너무' 해석한다는 것이다. 뇌를 보면 우리는 한 번에 5~9개를 기억할 수 있으나, 장기기억으로 넘어가는 기억은 사실 거의 없다고 봐야 할 것이다. 극한의 고통이나 극도의 불안 등 처절하게 심장에 흔적을 남기는 일 말고는 대부분 우리의 기억은 '~했던 것 같다'로 마침표를 찍는다. 그러나 기억에 살을 붙이고 기억이 추억을 넘어 상처가 되게 하는 과정들은 분명히 있다. 바로 '해석'이다.

해석은 상황에 대해 미래로 난 길이다. 해석이 결과를 이끄는 지도이기 때문이다. 알다시피 관계에 팩트(fact)란 없다. 해석이 있을 뿐이다. 우리는 기억한다기보다 해석한다. 친구와의 약속을 해석하고, 아내와의 기억을 해석할 뿐이다. '그땐 그랬지'는 기억의 결과라기보다는 해석의 결과물이다. 기억을 통해 해석을 추려내는 것이 아니라, 해석을 통해 과거의 기억을 길목에서 찾아낸다. 곧, 해석이 우리 기억의 양과 한계, 상태 등을 결정한다. 못 지킨 약속이 아니라, 지키지 못한 약속에 대한 나의 해석이 무엇이냐에 따라 나를 용서하거나 고통스럽게 한다.

그리고 이 해석 사이에 세월과 망각이 파고든다. 고맙게도 나를 옥죄는 것들을 시간과 망각이 적당히 그 기억의 고통을 덜어준다. 인간은 스스로가 심리적으로 가벼워져야 비로소 해석을 시작한다. 그러니 망각은 해석을 위한 사전 과정이자 동시에 선물이다.

망각하고 남은 기억으로 우리는 과거를 재구성한다. 이 재구성을 우리는 '해석'이라고 부른다. 너무 고통스럽다면 그 기억은 저절로 무의식 저 밑바닥으로 밀려날 것이고, 숨 쉴 정도의 기억은 의식의 수면 위로 올라온다. 그리고 올라온 기억으로 우리는 기억의 모양을 보며 '좋았다', '나빴지만 잘 지냈다', '이만하면 잘했다', '못한 부분도 있지만 이제 와서 어쩌겠는가'라는 평가와 해석을 내놓게 된다. 망각이 고맙다. 혈맹을 놓쳤다고 생각하지만, 망각이 덜어낸 과거에 가장 아름다운 기억의 동맹이 남아 있고, 배우자에 대한 미안함으로 뼛속까지 저리다 생각했지만, 망각 필터를 통과하면 사랑의 해석이 남아 있으니 말이다. 참으로 노년의 망각은 아름답기까지 하다. 젊은 시절 망각은 실수투성이 인간을 만들지만, 늙어가는 시기의 망각은 관대함을 낳으니 말이다.

잊어야 용서하고, 가물가물해야 관대해진다. 손과 혀까지 마르니 늙을수록 물을 많이 마셔야 한다고 말하던가. 그렇다면 좀 더 많은 망각의 물을 마시자. 돌아보는 자는 소금기둥이 된다는 이야기가 있듯, 망각의 물을 마신 자는 돌아보지 않는다. 망각은 사람을 앞으로 걸어가게 하는 힘이고 관대한 해석을 향해 가는 동력일지니, 늙도록 망각하고 늙도록 앞으로 걸어가자. 망각의 복도를 지나면서, 우리는 잃음으로 찾고 잊음으로 얻게 되니 노년의 망각이야말로 치료적 역설이구나!

통증의 역사

———

"통증은 내게 언제나 새롭지만 지인들에게는 금세 지겹고 뻔한 일이 된다." 알퐁스 도데의 말이다. 맞다. 아프니까 노년이다! 걷는다는 것이 전 같지 않고 허리며 관절이며 안 아픈 데가 없다는 얘기는 노년을 맞아본 인류의 한결같은 고백일 것이다! 중년만 넘어가도 예전 같지 않은 몸은 세월이 지날수록 야속해지고 자식보다 의사를 더 자주 만나게 된다. 통증의 어원이 '처벌'을 의미하는 라틴어 '포에나(poena)'와 '갚다'라는 뜻의 그리스어 '포이네(poine)'에서 왔다는 걸 생각해보면, 살면서 뭐 그리 대단히 잘못한 것도 없는데 몸은 왜 맞은 듯이 아프고 딱히 빚진 것 같지도 않은데 어찌 이리 고통스러운가! 또 나의 긴 병에 왜 이리 효자는 없는 것인가!

가만있어도 아프고, 걸어도 아프고, 달리면 더 아프고, 달리다가 멈추면 정말 죽을 것처럼 힘이 든다. 그런데 놀라운 것은 이 진절머리나는 통증을 안고도 대부분의 인류는 살기를 소망하고 약을 먹건 뭘 하건 그럭저럭 살아간다. 불평할 만큼의 통증이 따로 있겠냐마는, 우리는 평생 통증을 경험하며 살아와서인지 견디면서라도 살아간다. 놀랍지 않은가?

그러고 보면 삶은 대부분 죽음을 이긴다. 죽음을 이기는 자는 없다고 하지만, 삶에 대한 의지와 힘은 늘 죽음을 압도한다. 사랑해서 살고 싶건, 소원풀이를 하기 위해 살고 싶건, 복수를 위해 살고 싶건 '산 자'의 이유는 여러 가지이고 죽을 이유는 대부분 정해져 있다. 그렇다면 삶과 죽음 사이에 놓인 통증은 우리에게 무엇일까?

알다시피 통증은 생물학적인 아픔과 그에 대한 본인의 해석의 화학적 조합물이다. 동일한 증상 중에도 누군가는 통증에 대한 역치가 낮고 누군가는 높다. 같은 상황에도 통증을 더 크게 경험하는 이들이 있고, 그 반대인 경우도 있다는 말이다. 더 아프거나 덜 아플 수도 있지만, 인간의 고통은 늘 주관적이고 자신의 통증은 늘 100점 만점에 100점이다. 아픈 이에게 아프지 말라 해서도 안 되고, 덜 아프다는 이에게 "당신은 사실 더 아픕니다"라고 말하는 경우도 많지 않다. 대부분 고통을 호소하는 이의 요청에 따라가기 쉽다.

극도의 통증 중에는 모든 감각이 통증에 집중된다. 누구의 말도, 누구의 위로도 소용없다. 경험해본 이들은 알 것이다. 그러나 조금 달리 본다면 통증에 집중한다기보다는 삶에 집중하는 과정이라 할 수도 있을 것이다. 통증을 경험하고 있는 분들과 인터뷰를 해보면 통증에 대한 놀라운 진술들이 쏟아진다. 통증을 통해 신의 처벌이라는 고대 통증에 대한 해석을 하기도 하고, 진짜 삶을 생각하게 된다는 중세 철학적 해석을 하기도 하며, 진통제만 있으면 된다는 현대의학적 접근을 하기도 한다. 이미 몇 번이나 죽을 뻔한 사람들을 수도 없이 살려낸 현대의학 차원에서 보자면 질병과 고통을 통해 나타났던 신의 손가락은 지면에서 사라진 지 오래일 텐데, 우리는 고통 속에서 여전히 신의 지문을 찾고자 하고, 거기에서 의미를 찾고자 한다.

통증으로 역사를 써온 인류에게 통증은 신의 이야기로, 철학적 의미로, 현대의학적 조치 과정을 보여준다. 그리고 통증으로 태어나 아픔으로 개인의 역사를 써온 노년들 역시 신의 역사로, 인문학적 의미로, 의학적 감탄으로 통증을 말한다. 그러고 보면 노년들은 통증을 통하여 인류의 이야기를 전달한다.

통증은 개인이 담고 있는 고대의 신화, 중세의 종교, 현대의 의학을 담은 스토리 창구이다. 이 이야기는 고대의 노인들, 중세를 거쳐 현대의 노인들에게도 이어지는 인류의 통증 담론이다. 노인들은 통증을 통해 다음 세대에게 말하고 있다. 통증을 안고 살아가는 것은 때로는 신의 해석이며, 철학적 소고이고, 의학적 증명이라는 것이고, 그리고 무엇보다 다분히 주관적이고 고독한 통증의 순간에는 삶에 집중하고, 눈을 뜨고 나면 그 역사를 듣고 보고 손잡아주는 가족을 확인하는 과정이라는 것을 확인하고 기억하는 과정이다.

알퐁스 도데가 '내게는 언제나 새로운', 그러나 '지인들에게는 금세 지겹고 뻔한 일'이라고 말한 그 통증은 인류의 담론을 듣는 장이 되고, 지겹고 뻔해도 그 옆에서 힘을 주어 그 손을 잡아주는 가족의 존재를 늘 확인하는 공간이 된다. 어쩌면 미켈란젤로의 그림 〈천지창조〉 속 그 닿지 않은 손가락 사이 공간에는 간절함과 더불어 신의 손가락을 보는 통증의 담론이 있지 않을까? 보이지 않고 역사에 적히지 않은 가족들의 돌봄 공간이 신의 검지와 인간의 검지 사이에 있는 것은 아닐까?

길을 좋아하는 사람들, 호모 호도스

고인이 된 가수 최희준이 불렀던 노래 〈하숙생〉의 가사 초두는 이렇게 시작한다. '인생은 나그네 길, 어디서 왔다가 어디로 가는가!' 어디 최희준의 노랫말뿐이겠는가. 루크레치우스도 "모든 인간은 인생길을 더듬어 찾아 나가고 있다"고 했으며, 팝송에도 'the road is long~'으로 시작하며 인생의 여러 궤적을 설명하는 노래들이 많다. 인생은 언제부터 길이 되었을까?

'길' 하면 대부분 이동을 위한 통로를 떠올리겠지만, 교통수단으로서의 길도 있고, 방도를 뜻하는 길도 있고, 행위 규범으로서의 길도 있다. '길게 나서' 길이라고 했을 법하니, 우리의 인생을 길에 비유하는 이유는 아마도 세월을 길로 해석하여 삶의 방식을 더하고 옳고 그름의 기준을 삼았으며 그 방향과 사람의 걸음을 시간의 값으로 나누는 의미를 담고 있으리라.

길은 그리스어로 '호도스(ὁδός)'라고 한다. 성경에 나오는 "길이요, 진리요, 생명"이라는 말을 할 때 '길'에 해당하는 말로, 성경에도 100번 이상 나오는 말이기도 하다. 예수도 12명의 제자들과 함께 로드무비처럼 길을 따라가며 자신의 공생애를 살았고, 붓다 역시 1,200명의 아라한 중 선발된 10명의 제자와 함께 45년의 긴 세월을 길을 다니며 삶과 도리를 가르쳤다. 마호메트나 공자 역시 제자들과 함께 길 위에서 지혜를 나누며 구도의 길을 걸었다. 이처럼 길은 우리에게 따라야 할 도리이자, 함께 걸어야 할 지혜의 통로요 실천의 의미이기도 하다.

종교에서 말하는 길은 깨달음의 길임과 동시에 사람의 길이다. 그리고 종교라는 거시적 길을 따라가는 사람의 미시적 길은 아이와 청년의 길, 중년과 노년의 길이 서로 다른 듯하다. 아이와 청년의 길은 성장을 위한 오르막길이라 어찌 갈까 싶으나 일단 출발하면 무성하고 힘이 넘쳐 경관을 볼 새도 없이 정상을 향해 달음질하고 가끔은 호기심에 길을 잃기도 한다. 중년의 길은 발자국으로 남은 길의 흔적을 넓히고 평지를 다듬어가는 신작로 같고, 꼭대기 너럭바위를 걷는 것 같아 짜릿하고 포효하는 기쁨에 이전에 힘들었던 길과 달리 보암직하고 걸음직하다. 한편 노년의 길은 산마루를 내려가는 좁아지고 넘어지기 쉬운 내리막 경사길 같다. 올라가고 포효하느라 이제 다리 힘도 풀리고 발은 무거워지며 올라가던 속도는 절반으로 떨어진다.

막상 구도의 길은 느려지고 무거워진 이 길에서 시작된다. 느려지면서 주변을 보게 되고, 숨죽이며 안전을 감사하며, 올라갈 때 보지 못했던 꽃을 보는 것도 이때다. 그리고 누군가 내려간 그 길을 걸어야 산행을 안전하게 마치게 되니, 안전과 회복의 생명 족적은 오르막과 정상이 아니라 내리막길에 있다 할 만하다. 그러니 내려오는 길을 만든 자들은 단연 베테랑들이다. 올라가는 길이 몇 번 오르다 말아버린 초보들에 의해 만들어진 자박자박 발자국 그림이라면, 내려가는 길은 산을 끝까지 올라가던 자들의 안전한 복귀를 보여주는 성취자국으로 채워진 퍼즐이리라.

산을 내려오는 인생 베테랑들에게 우리는 길을 묻는다. '어떻게 올라서 어찌 내려와야 합니까?' 불안과 실패를 줄일 때도, 절경을 물을 때도, 안전을 물을 때도 그저 베테랑들이 최고다. 그리고 그가 베테랑인지는 금방 알 수 있다. 오랜 산행으로 낡았으나 그에게는 가장 편안하고 등에 착 붙어 있는 자글거리는 배낭, 흙이 묻고 누가 봐도 여러 해 묶어낸 나달

거리는 끈이 달린 밑창 닳은 등산화, 그리고 땀과 비에 수십 번 흡습과 건조를 반복한 찌그러진 모자와 오른쪽 허리춤에 매달린 손바닥만 한 라디오!

우리는 그들에게 길을 묻는다. 불안을 낮출 길, 실패를 줄일 길, 절정을 맞을 길, 안전을 도모할 길, 그리고 그 길을 다녀오는 데 걸린 시간을 묻는다. 베테랑들의 답은 한결같다. "금방이에요. 조만큼 가면 나와요. 가다가 모르겠으면 그 모퉁이에 휘어진 소나무만 찾으세요. 내려올 때 돌탑 오른쪽으로 와야 합니다. 그럼 걱정 없어요. 즐겁게 올라가세요." 만날 기약 없는 그들의 말은 늘 정답이다. 길을 잃을 만하면 그곳에 소나무가 있고, 내려오는 길 돌탑 왼쪽이 낭떠러지라는 것도 알게 된다.

할아버지는 아무것도 모른다고 한다. 나이든 엄마가 뭘 아냐고 그런다. 요즘 애들은 길도 티맵이나 카카오내비 등 스마트폰 앱으로 찾는다. 그러나 이상한 것은 그 많이 배운 자녀들이 인생의 난관을 만날 때는 왜 포털이 아니라 나이든 혈육을 찾을까. 지도는 티맵이 잘 보여줄 것이다. 그러나 인생 지도는 인간 내비게이션인 노인들, 산을 올라가 정상을 보고 산을 내려와본 인생 베테랑들이 보여줄 수 있지 않을까? 나는 이 베테랑들이 좋다. 난 베테랑들을 존중한다. 이들이 보여주고 들려주는 그 길과 길 이야기를 좋아한다. 이런 길을 만든 베테랑들을 '호모 호도스'라고 하면 어떨까? 인생길을 걸어가며 새 길을 만들고 그 길을 말하는 사람들! 그리고 나처럼 이런 사람들을 좋아하는 사람들 모임 이름으로 '호도스(好道s)', 길을 좋아하는 사람들이라고 하면 어떨까. 우리는 오늘도 호모 어느 길에서나 호도스를 만난다. 그리고 그 길에서 그들을 보고 그 진가를 아는 자 호도스(好道s)가 인생의 내리막을 걸으며 약수터 물에 비친 자신을 보며 말할 것이다. "호모 호도스다!"

개해에 개해를 통해 개행복하게!

──────

세월이 그렇듯 개띠 해가 돌고 돌아온다. 이제 노년으로 그 문지방을 넘어가는 1958년생들에게는 무술년의 '무'가 음양 오행에서 황색을 나타낸다 하여 2018년은 일명 '황금개띠' 해 였다. 황금돼지, 황금개 등 좋다는 여러 소망들에 스토리라인 이 없어지면서 삶은 스스로에게 그렇게 의미를 부여한다.

그러고 보면 개니, 돼지니 우리가 알고 있는 12간지 동물 들이 사람의 일상을 통과하며 그 의미를 이어주니 참 신통하 기도 하다. 도교에서 시작됐다는 12방위에 맞춰 사람마다 그 해의 수호신이 그를 지키고 돕는다는 의미에서 전혀 모르는 남과도 '우리'가 된다. 요즘 애들 노래로 하자면 '띠'라는 게 바로 '너와 나의 연결고리', 그건 '우리 안의 소리'인 셈이다.

기왕에 얘기가 나왔으니 개 이야기를 해보자면, 개라는 동물은 그 지구력에 있어서나 끈기에 있어서나, 용맹함과 의리에 있어서나 인류의 오랜 친구이자 이야기의 주인공이었다. 신석기시대부터 인간과 함께하며 나눴던 오랜 시간의 학습이 사람과 개가 서로를 길들이는 양상으로 갔다고 할 것이다.

태어났을 때부터 웃는 얼굴상이 온기를 가지고 있어서인지 사람들의 심리적 적대감을 최소화하고 친밀감을 극대화하는 대화 파트너요, 또한 따스한 털이 있어 만질 때마다 부드럽고 추울 때마다 끌어안을 수 있으니 최고의 온수매트요, 사람의 말귀를 알아듣고 그 감정에 반응하니 동물계의 알파고요, 여전히 강력한 치아와 짖는 능력을 가지고 주인과 집을 지키니 실시간 세콤(보안업체)이다. 역사적으로 개는 그랬다.

그러나 알다시피 '개 같은' 것 없으나, '개 같다면' 싫었다. 뭐든 '개'가 붙으면 멀쩡하던 단어도 대번에 형편없는 꼴이 된다. 개복숭아, 개돼지, 개떡 등 요즘 젊은이들은 싫을 때도 '개'싫다고 말한다. 하지만 그 형편없고 볼품없어 다룰 만하거나 쓰기에 부적절한 것을 의미하던 '개'가 요즘은 상전노릇을 하기도 한다. 사람도 큰맘 먹어야 가는 호텔에 개가 살고, 사람 밥보다 비싼 프리미엄 개먹이, 심지어 개에게 유산을 상속하기도 하고, 농담이라지만 이미 집안 서열에서 개는 남편을 제쳤다. 개세상이 되고 그야말로 개판이 됐다 할 만하다.

그래서 그런지 특성은 제각각이라도 양띠도 개 같은 기능을 하는 사람이 있었으면 한다. 말띠, 뱀띠 역시 개 같은 특성을 가진 믿을 만한 사람을 그리워한다. 개띠라도 개와 같은 사람 하나 있었으면 한다. 그 개가 대화 파트너이고, 온수매트이고, 알파고니 홀로 남아 있는 현대인의 고독한 일상 속에 개는 사람 이상의 의미를 갖게 됐다.

〈누구에게나 비밀은 있다〉라는 영화가 있다. 이제는 그 말을 바꾸자면, 요즘은 '누구에게나 개가 있다'이다. 1천만 반려동물 시대라지 않은가. 그 숫자도 숫자겠지만, 그보다는 모두의 가슴에 언제나 간절한 대화 파트너, 홀로 사는 독거 어르신과 싱글들을 위한 온수매트, 낙심한 청년들의 감정에 반응해주고 눈물을 읽어줄 알파고, 범죄도시 속 현대인을 위한 세콤 등 이 모든 것이 한 마리의 개 안에서 유비쿼터스로 이뤄지니, 요즘 사람들의 그 외로운 가슴엔 개가 간절하다.

옛날엔 상사에게 욕먹으면 지나가는 개를 차곤 했다. 요즘 이렇게 개를 발로 찼다가는 CCTV와 휴대폰에 찍혀 동물보호단체의 고발장을 바로 받아들게 된다. 세상이 달라졌으니 말이다. 개를 '개'처럼 알던 세상이 지나가고, 개가 '개' 대접 받는 세상이 왔다. 그럼 이전엔 개가 흔해서 개 취급을 하고 요즘은 개가 귀해서 개 대접을 하는 것일까? 그건 단순히 산술적인 측면에서의 개체수가 아니라 개에 대한 해석이 개를 개답게 만들었다고 해야 할 것이다.

짖기도 하고 물기도 하고 귀찮게도 굴지만, 많은 이들이 개를 사랑하고 개를 아끼고, 자식처럼 개를 생각한다. 개의 심정을 알고 싶어 개가 짖으면 그 뜻을 해석해주는 개 번역기도 나왔을 정도니 이제 우리는 개를 심정적 동반자이자 실질적 가족 그 이상으로 여긴다고 확언할 만하다.

매 순간 우리에게는 심정적 동반자가 필요하다. 실질적인 가족의 따스한 품도 필요하다. 천만 '개 시대'를 맞아 올해엔 가슴마다 개가 있도록 기원해볼 만하다. 올해 대화의 상대자로, 따스하게 안아줄 친구로, 같이 울어줄 상담자로, 늘 믿을 만한 마음의 경찰로 우리 곁에 있어줄 귀인을 만나길 바라고 있으니 말이다.

그러나 그런 귀인이 우리에게 쉽게 허락되지는 않음을 알고 있다. 다만, 아무리 찾아도 그런 귀인은 없고, 주변이 온통 대화가 필요한 사람, 외로움에 떨고 있는 사람, 믿을 만한 사람을 찾아다니는 발걸음이 보인다면, 그땐 바로 여러분이 그 사람이 되어주길 바란다. 우리가 바로 그들이 간절해하는 '개'가 되어주자.

그때 우리에게 주어진 반려의 의미를 발견하고, 우리가 나눔과 돌봄, 그리고 이해와 보호라는 인류공동체의 가장 아름다운 가치라는 값진 해석을 그들에게 주게 될 것이다. 이

해석의 순간에 우리는 서로에게 "개해[年]에 개해(解)를 통해 개행복하다"는 고백을 하게 되지 않을까?

곱게 늙기 위하여

―――――

인류는 늙어도 예뻐야 하는가 보다. 진화심리학자 이야기를 들어보면 남녀 불문하고 건강하고 아름답고자 하는 이유는 더욱 매력적인 대상을 찾고 더 나은 후손을 보기 위한 전략적 선택이라고 한다. 그렇다면 이제 애 낳을 일 없는 노년의 아름다움은 무엇으로 설명할 수 있을까?

세월을 경험한 많은 노년들은 한결같은 농담을 하곤 했다. "늙으면 미모 평준화!" 누군가에게는 참으로 기쁜 소식이고, 예쁘고 잘생겼던 누군가에게는 가슴 아픈 이야기일 것이다. 그러나 노년들 사이에도 유행이란 늘 있어왔다. "늙으면 미모 평준화"는 세월 지난 말이 된 듯하다. 최근 '곱게 늙기' 국가 프로젝트라도 있는 듯이 멋쟁이 할머니 할아버지들이 도심을 누비고, 커피숍마다 아메리카노 향을 즐기며 향수 냄새를 덤으로 얹어 보여주는 어르신들이 즐비하다. 세련되고 멋있게 늙어가면서 변하는 세상을 누리고자 하는 이 방향은 비단 마음에서만 끝나지 않는다. 최근 60~70대 노년층에서 급격히 늘고 있는 성형돌풍이 이를 말해준다.

옛날에야 연예인이나 하고, 늘어진 눈꺼풀에 진물이 나서 견딜 수 없으니 의료적인 목적으로 늘그막에 쌍수(쌍꺼풀 수술을 요즘은 아예 이렇게 부른다)를 하곤 했다. 그러나 이제는 치료의 목적이라기보다 미용과 아름다움을 추구할 목적으로 성형을 하는 분들이 급격히 늘었다. 입춘이 두 번 들어 있어 결혼하면 길하다고 알려진 쌍춘년이던 2015년에는 그야말로 엄청난 청춘들의 결혼식 몇 달 전 혼주들의 발걸음에 성형외과 문지방이 반들거렸다는 말이 나올 정도였다. 일명 '회춘성형' 바람이 불고 있다.

세월을 억지로 잡아놓고 나서는 무작정 30대, 40대로 봐달라는 것이 아니라, 급격한 노화로 생겨난 다소 안 좋았던 인상을 바꾸고자 하는 일명 '쁘띠성형'이 주를 이루었다. 보톡스로 미간을 펴고, 얼굴을 살짝 당기고, 성근 눈썹에 문신을 하는 등 간단한 시술 수준이 대부분이었다. 전신마취를 통해 사지백체 오장육부를 새것으로 만들겠다는 것은 아니라는 말이다. 물론 마음이야 할 수만 있다면 생체다리미가 피부를 다려주어 늘어진 팔뚝과 뱃살이 다시 반들거리면 참 좋겠고, 알약 하나만 먹으면 초년의 붉은 뺨과 팽팽한 광대와 선명한 눈매가 살아난다면 얼마나 좋겠는가. 콕 찌르는 주사 한 방에 불편한 관절이 쭉 펴지며 근육이 자르르 윤기 나는 혈관과 새로운 조화를 이룬다면 더없이 좋을 것이다. 그야 뭐 아직까지는 인류의 소망일 뿐이다.

그게 보톡스이건 필러이건 레이저이건 간단한 성형을 통해서이건, 아니면 마음먹고 수술대에 눕건 간에 이런 새로운 시도를 하는 신인류 노인들은 무엇을 원하는 걸까? 간단하다. 아름다움을 추구한다. 누구나 아름답고 싶고, 그 '누구나' 중에는 노인도 있다. 노인들에게 '느림의 미학'을 말하고 내려올 때야 비로소 올라갈 때 보지 못한 꽃을 본다고 말하지만, 노인도 빠르게 오르고 싶고, 꽃을 보는 것이 아니라 스스로 꽃이 되고 싶다.

한때 유행했던 유행가 가사를 기억할 것이다.

누구를 원망해
이 못난 내 청춘을
분하게도 너를 잃고
돌아서는 이 발 길
아 야속타 생각을 말자 해도

이렇게 너를
너를 못 잊어 운다

세월을 원망하고 싶다. 내 청춘을 앗아가고 야속하다 말
한마디 못 던지고 그새 늙어버린 이 노구도 청춘이 그립다.
과거에야 그리움은 그리움으로 남을 뿐이었으나, 21세기를
살아가는 우리는 그리우면 찾아가고, 기억을 더듬고 컴퓨터
와 스마트폰을 뒤져서 50년도 넘은 지난 친구를 만나기도 하
는 세상을 맞게 되었다.

이 좋은 세상에 친구만 찾아야 하나? 내 청춘도 찾아보자
는 데 어디 불만 있는 사람 나와봐라. '늙어 회춘'이 어떤가.
젊은 애들이야 돌아갈 청춘이 없지 않은가? 마음만 젊게 돌리
는 시절은 끝났다. 몸도 젊게 돌리는 세상이 왔다. 아, 진짜 좋
은 세상이다. 우리 노인들의 미학을, 이 예술적 성찰과 과감
한 파격과 도전을 나무라지 말라. 젊은이들아, 너는 늙어봤냐?
나는 젊어봤다. 그래서 누구보다 젊음의 값을 잘 안다. 회춘
성형이건 쁘띠성형이건 뭐건, 마음이 간다면 한번 해보자. 이
나이 이 세월에 무엇이 두려우랴. 대신 싫다면 안 하면 그만!

졸혼을 말하니

빛나는 졸업장을 받은 적이 언제던가? 잊은 지 오래고 기억도 가물거린다. '마친다' 혹은 '졸업한다'는 뜻의 졸(卒)과 '결혼'을 의미하는 혼(婚)이 만나 '결혼을 마친다'라는 의미의 말이 졸혼이다. 이 단어로 말씀드리자면, 2004년 일본의 작가 스기야마 유미코가 《졸혼시대》라는 책에서 언급하고, 2013년 일본의 유명 코미디언 즈미즈 아키라가 언론과의 인터뷰에서 '졸혼'이라는 말을 쓰면서 화제가 된 적이 있다. 그리고 최근에는 우리나라에도 유행하고 있다.

노년의 세상을 먼저 시작한 일본에서 시작된 다양한 노인월드 현상들이 마치 때를 기다렸다는 듯이 후발주자이자 가장 빠르게 늙어가고 있는 우리나라에 개울 징검다리를 건

너듯 폴짝 뛰어 달려왔다. '졸혼'이라는 것이 '이혼'과도 다르고, 또 우리가 흔히 알고 있는 '별거'와도 다르니 이는 참으로 새로운 단어이자 새로운 현상이고, 이미 겪은 일본에서는 유행처럼 번진다니 어디 뒤질쏘냐.

별거와 이혼, 졸혼은 무슨 차이가 있을까? 별거(別居)라면 말 그대로 떨어져 거주한다는 말이고, 대부분 우리나라 해묵은 부부의 별거는 폭풍 같은 감정적 격돌 이후 발생하는 일종의 대치상태와 같다. 이혼(離婚)이라면 법적으로 혼인관계를 정리한 상태를 말하고, 늙어 하는 이혼은 흔히 '황혼 이혼'이라 하며, 이미 우리에게 현실로 다가온 단어다.

그렇다면 졸혼(卒婚)이란 무엇인가? 결혼이 무슨 학교도 아니고 결혼을 졸업이라도 한단 말인가? 그렇다. 다만 졸혼은 부부가 이혼하지 않은 상태에서, 그리고 정서적인 혼란이나 격돌도 없는 상태에서 서로 일정 기간 떨어져 자유롭게 살아가기로 상호 합의한 일종의 '합의된 별거'쯤에 해당한다.

마침 한 결혼정보회사가 우리나라 미혼자들에게 물어보니 57%는 졸혼이 괜찮다고 답했다고 한다. 그 이유로 '결혼생활 동안 하지 못했던 것들을 노후에라도 하고 싶어서'라고 대답했다니 이런 답변을 한 젊은이들을 보며 혀를 끌끌 찰 어른들도 많으실 것이다.

그런데 정말 우리나라 노년 부부들 중에 이런 졸혼은 없을까? 있다. 아니, 많다. 적어도 필자가 아는 부부만 해도 아내는 도시에, 남편은 농어촌에 각각 집을 두고 살면서 필요하면 다시 올라와 일도 보고 밥도 먹고 행사가 있으면 함께 참석한다. 사이가 나쁘지도 않고, 그렇다고 이혼한 것도 아닌 부부들이 꽤 있다. 말이 없었고, 단어만 사용되지 않았을 뿐이지 제법 많다.

졸혼이 '좋다' '나쁘다' 말이 많지만, 한편 생각해보면 참으로 궁여지책 묘수이다. 이혼을 하자니 그리 싫거나 큰 잘못도 없는데다가 얼마 되지도 않는 살림 나누어봤자 바로 노인 빈곤에 빠질 테고, 이혼이니 뭐니 주변 사람들의 시선을 신경 쓰기도 싫은데다가 다른 사람 만날 자신도 없고, 자식들한테 괜히 미안한 일 만들기도 싫으니, 이혼이나 별거보다는 이렇게 합의된 별거인 졸혼을 선택한 것이 아닐까? 사회적으로나 심리적으로나 별 손해 없이 살아갈 만한 상황이라고 판단한 부부들의 상호 허용이라 할 만하다.

세상이 달라지고 있고 세대가 변하고 있으며, 가족이 달라지고 부부가 새로워지고 있다. 하나도 같은 것이 없다지만, 이런 세상이 올 것이라고는 생각도 하지 못했다. 그러나 한 가지 삶의 지침이라는 것이 없고, 정해진 도리라는 것도 희미해진 세상에서 젊은 층이 아니라 노년 부부들의 이런 선택을 어떻게 생각해야 할까?

100세시대에 미래학자들은 앞으로 인류는 100세를 넘어서 살 것이 분명하고, 이렇게 긴 세월을 사는 동안 가족의 구조도 바뀌어 앞으로는 '한시적 일부일처제'가 될 것이라고들 한다. 즉 30년쯤 계약으로 살아보고 괜찮으면 같이 더 살고, 아니다 싶으면 다른 파트너를 찾아가는 세상이 올 것이라는 얘기다. 그럴지도 모르겠다. 인류가 200살, 300살을 살게 된다면 오히려 이런 선택이 '합리'적일지 모르겠다. 그러니 그 세상에는 '졸혼'이 가능하리라.

그런데 아직 100살을 채 살지 못하는 우리네 부부들에게 사랑과 의무를 '합리'라는 범주로 묶을 수 있는지 궁금하다. 가족은 늘 사실(fact)이 아니라 해석(解釋)이다. 고정된 합리가 아니라 움직이는 감정유기체다. 과연 부부의 완벽한 '합의'가 합리일까? 부부의 고된 삶이 서로 때문이라면 합의된 별거는 합리일 것이다.

그러나 40년, 50년 세월을 함께한 부부에게 이 '합의'는 '합리(合理)'일까 아니면 '생존'일까. 과연 가족의 선택은 가족만의 것인가? 이들의 이런 선택이 있기까지 좋은 노년 부부의 행복을 위한 사회적 역할은 어디에 있을지 곰곰이 생각해본다.

노인들의 먹기: 진짜 혼밥족 이야기

―――――

중년이 넘어가면서부터 배고픔을 참지 못한다. 평생 먹었으니 '먹는 것'이 질리기도 할 텐데 말이다. 게다가 '밥'이다. 밥을 먹어야 먹은 것 같으니, 그게 중독이건 의존이건 습관이건 뭐건 우리 몸은 쌀로 이루어진 거대한 동체임이 분명하다.

　호르몬이 줄어들면서 맛에 대한 민감도가 떨어지니 절대미각도 끝났다. 우리나라 여대생과 노인의 입맛을 분석한 연구 결과에 따르면 노인들은 여대생들보다 단맛은 2배, 짠맛은 5배, 신맛은 4배, 쓴맛은 7배로 강한 자극을 주어야 맛을 안다. 장기적으로 약이라도 복용할 참이면 짠맛의 인식능력은 10배나 감소한다. 나이든 분들에게 그저 믹스커피인가 했더니, 오히려 젊은이들보다 블랙커피를 더 강하게 마시는 롱

블랙 마니아들이다.

노모가 만든 반찬이 짰던 것은 솜씨의 문제가 아니라 감각의 문제, 곧 나이 듦의 문제였다. 짜다고만 했지, 그 이유를 묻지 않은 딸들은 유죄이다. 미각의 저하는 무죄요, 묻지 않은 이들은 유죄이고, 무턱대고 나무란 이들은 종신형이다. 맛이 나야 먹지 않겠나. 지들은 글로벌시대 세계의 모든 요리들을 '맛있게' 먹을 혀를 가졌으니 맛나겠지. 좋겠다. 세월을 탓하기도 하고 젊은 맛을 부러워해 보기도 하지만, 언제까지 뽀로통해 있을 것인가. 우리도 좀 먹고살 길을 모색해보자.

만성질환이야 종류만 다를 뿐 거의 모든 질환에 대해 의사들은 거의 유사한 음식처방을 한다. "짜지 않게 소식 하세요." 안다. 내게 맹탕인 게 자식들에게는 짜고, 내게 소식은 아이들에게 푸드파이터처럼 보이니, 기준이 좀 필요하지 않을까?

의사의 기준은 '짜지 않게 소식(小食)', 젊은이들은 '유행에 맞게, 있어 보이게, 많이', 그리고 차이야 좀 있겠지만 중년들은 '럭셔리하고 품위 있게' 먹고자 한다. 노년들의 '먹기'는 어떤 기준이 어울릴까? 먼저, 지금 이 글을 읽고 있는 독자는 자신의 먹기에 이름을 붙인다면 무엇이라고 붙이겠는가? '싱겁게 소식(小食)'?

노년의 현실을 보자면, 홀로 있는 이가 100만이 넘으니 진정한 '혼밥족'이요, 대개 반찬은 한 가지만 놓고 먹으니 '일식씨'요, 이가 없어 대충 씹어 넘기니 '호로록 꿀떡', 1년이 넘도록 반찬에 큰 변화가 없으니 '마니아'라 할 만하다. 이를 일괄 묶어보면 '호로록 꿀떡 혼밥 마니아 일식씨'가 바로 노인의 먹기 이야기의 제목이라 할 만하다.

그러면, 노년이 꿈꾸는 먹기는 어떤 것일까. 그리움으로 치자면 '겸상'이요, 찬으로 치자면 생선이 놓이는 '5첩 반상'이요, 빛나는 치아로 씹고 뜯고 맛보고 즐기는 '고기찬'이 제격이요, 요즘 유행한다는 냉장고 파먹기로도 한상 차려내는 '냉파족'이라 할 것이다. 이를 묶어보면 '냉장고에서 바로 꺼내도 5첩에 고기가 곁들인 함께하는 겸상'이다.

같이 먹고 싶고, 제대로 먹고 싶고, 갖추어 먹고 싶고, 알뜰히 먹고 싶은 노인들의 '먹기' 욕망에 대해 생각해봐야 한다. 너무 외롭지 않게, 너무 가볍지 않게, 너무 급하지 않게, 때로는 외식도 해가며 먹기를 권한다. 이렇게 되기 위해서는 먹기 위해 누군가를 찾아가야 한다. 내가 찾아가건 남이 나를 찾아주건 함께 식사할 수 있는 환경이 되어야 한다.

건강에 좋다는 낯선 식단과 건강에 좋은지는 모르나 함께하는 식사, 이 둘 중 노인들에게는 외로이 명을 늘리는 낯선 식단보다 숟가락 부딪히며 함께 밥을 먹던 가족의 '함께 먹기'가 중요하다.

노인들이여, 자신의 '먹기'를 살펴보라. 너무 오래 혼자 먹었거든 옆집 문을 두드려 같이 먹자. 너무 한 가지 반찬만 먹었다면 그 집과 반찬을 바꾸어 먹어보자. 씹을 이가 없다면 작은 조각으로 다시 음식의 모양을 만들어서 먹어보자. 생존의 먹기가 아니라 사람의 먹기, 누림의 먹기를 하도록 해보자. 매일 먹고 매끼 먹으니, 먹기는 그래서 더 중요하다.

이제 나의 '먹기'에 이름표를 붙여보자. 그리고 이름표에 맞는 먹기를 만들어가 보자. 먹는다는 것은 나를 유지하는 동시에 나를 구성하는 것이니, 새 이름표를 달고 먹기로 나를 재구성해보자. 봄에 우리는 햇살을 맞고, 나물을 뜯었다. 그리고 나물의 새순마다 손끝이 닿아 음식이 되면서 봄은 우리에게 몸이 되었다. 이제 다시 봄이다. 나물이 없어도 새순이 없어도, 묵은 김치라도 싹 빨아서 새로이 무쳐보자. 묵은 오이지라도 물기를 싹 빼고 새로 무쳐보자. 봄의 이름으로 무치는 묵은지는 우리 노년이 이 봄에 해야 할 첫 '먹기' 이름표 달기 행사이다. 올해는 좀 잘 먹어보자. 봄처럼 먹고, 여름처럼 차리고, 가을처럼 나누고, 겨울처럼 서로 돌보며 먹어보자. 오늘부터 해보자.

창조적 콜라주, 노인

———

유행가 중에 '이름이 뭐예요? 전화번호 뭐예요?' 이렇게 시작하는 노래가 있다. 누구나 이름이 있고, 그 호칭은 관계를 드러내며, 종종 상태를 나타내기도 한다. 우리 노년들의 이름은 무엇인가?

노년을 빛바랜 젊음, 그 흔적을 담은 오래된 퀼트처럼 보는 사람들이 있고, 이들은 노년을 '추억을 먹고사는 자들'라고 부른다. 이들은 돌아갈 수 없는 과거에 매달려 무너진 간이역 자리를 보며 20대 낭만의 그림자를 밟고 있는 노년의 모습이 노년의 실체라고 말한다. 물론 추억의 물레방아가 돌아간다. 그리고 노년은 추억의 물을 쏟는 시기라고 볼 만도 하다. 또 다른 사람들은 노년을 고통이 녹고 있는 도가니로 본다.

현대 노년들이 겪는다고 알려진 노년기 4고(苦)를 노년의 키워드로 보는 사람들은 노년기를 아프고[病苦], 가난하고[貧苦], 외롭고[孤獨苦], 할 일이 없는[無爲苦] 시기라며 노년에게 무한한 애정 혹은 연민을 보낸다. 안타까운 마음으로 노년을 보는 시선은 때로는 '복지(福祉)'라는 이름으로, 때로는 '부양(扶養)'이나 '봉양(奉養)'이라는 이름으로 노인들을 '돌봄의 대상'으로 부른다.

노년의 이름이 '추억하는 자'이고, '돌봄의 대상'일 수 있다. 그러나 노년기를 부르는 다른 이름도 있다. '지혜의 담지자'이다. 노년의 경험과 삶의 고갱이들을 한 몸에 담고 있는 역사의 목격자들에게 붙이는 말이다. 그야말로 '살아있는 인간문서'이다. 그렇다면 젊은이들이 현대사회 노년들을 정말 그렇게 부르는가? 딱히 그렇지만은 않은 것 같다. 국민의 90%가 사용한다는 스마트폰을 손에 쥐고도 쩔쩔매고, 혹시나 고장 날까 선 채 안절부절하지 못한다. 새로운 정보를 과거의 정보와 연결하는 데도 상당한 시간이 걸린다. 오롯이 오랜 기억 속에서만, 그리고 무뎌진 손으로만 그 지혜와 기술을 보여야 하는 노년들이 젊은 세대들에게는 그다지 지혜의 보고로 느껴지지는 않는 것 같다. 호칭은 자신이 부르는 것이 아니라 다른 사람이 부르는 것임을 생각해보면 '지혜의 담지자'라는 말은 현대 젊은 세대들에게는 쉽게 납득이 되는 용어는 아니다. 노인을 '추억하는 자'로만 부르거나 '돌봄의 대상'으로만 부르는 것은 무엇인가 부족해 보인다. 그렇다면 노년을 부를 만한 다른 이름은 없는 걸까?

'콜라주'라는 말이 있다. 콜라주란 여러 가지 재료를 사용하여 하나의 의미 있는 작품으로 구성하는 방식의 회화기법을 말한다. 종이, 풀, 색연필, 쇠붙이, 진흙, 옷감, 나뭇잎 등 다양한 종류의 재료를 써서 결국 아름다운 작품을 완성한다. 콜라주는 작가마다 매우 다른 방식으로 작업을 하며, 재료, 구성, 설치, 도색 등도 그야말로 각양각색으로 나타난다. 그것은 우리의 지문만큼이나 다양하다. 마치 사람의 특성만큼이나 다양하고 인생의 종류만큼 다채롭다. 콜라주의 첫 재료는 마지막 재료보다 시간적으로 오래되고, 마지막 재료가 작품에 얹어져야 비로소 작품이 된다. 작업과정은 붙이고 떼기를 반복하고, 진행하다가 멈추기를 반복한다. 그렇게 시간과 재료에 작가의 창조적 빛이 더해져야 작품이 완성된다. 콜라주, 가히 노년의 삶과 같다! 인생을 시작한 초년은 노년에야 비로소 인생의 콜라주를 완성한다.

한여름이 지나 단풍이 들고 나면 비로소 나뭇잎은 떨어진다. 지난봄의 화려함과 여름의 무성함을, 그리고 가을의 낙엽으로 그 나무를 '추억'할 수도 있다. 겨울을 견디고 있는 그 나무의 앙상한 가지와 두꺼워진 껍데기, 지난여름 바람에 생채기가 난, 그래서 겨울에 더욱 처연해 보이는 가지를 보며 안타까운 마음으로 나무를 '돌볼' 수도 있을 것이다. 그러나 겨울이야말로 나무의 진면목을 보여준다. 어떤 것으로도 가리지 않고 나무의 실체를 보여주기 때문이다. 겨울은 가장 분명하게 나무를 볼 수 있는 유일한 시기이다. 겨울의 그 나무를 보아야 우리는 나무의 모든 모습을 보고, 나무에 이름을 붙이게 된다. 겨울은 나무의 콜라주가 완성되는 시기이다. 그리고 그와 같이 사람의 콜라주는 바로 노년기에 완성된다. 그런 의미에서 붙이고, 오리고, 그리기를 반복하며 추억으로 빈 공간을 메우고, 작품을 돌보는 노년의 새로운 이름은 바로 '창조적 인생 예술가'이다. 이 창조적 예술가들에게는 자신의 삶의 마지막 재료를 자신의 생각과 창조적 기지로 채워나가는 일이 남아 있다.

노년기 삶의 자리를 겨울철 나무처럼 있는 그대로 볼 수 있게 된 노년, 그 인생 예술가들이 자신의 콜라주를 완성하기 위해 기억할 것이 있다. 바로 젊은 시절의 추억이나 연민으로 바라보는 타인의 시선이 아니라 우리가 바로 창조적인 인생의 예술가이고, 지금도 작품을 만들어가고 있다는 점, 그리고 바로 지금이 남은 재료를 앞에 두고 최고의 창조성을 발휘할 때라는 것이다.

이제 한겨울 나무가 보여주는 선명함을 경험한 사람들이

만들고 완성해갈 창조적 콜라주, 그 노년의 인생 예술가들은 인생이라는 작품의 완성을 눈앞에 두고 있다. 빅토르 위고는 《레미제라블》을 완성하는 데 36년이 걸렸고, 괴테는《파우스트》를 60세부터 82세까지 써서 완성했다지만, 우리 인생의 작품은 이보다 훨씬 오랜 세월이 걸렸으며 아직도 완성을 향해 달려가고 있다. 노년기 창조적 인생 예술가들이 보여줄 부드럽고 관대한 선택과 그 선택에 걸맞은 최고의 열정이 담긴 콜라주를 고대해본다.

마음의 키, 심정의 디스크

―――

나이가 들면 키가 줄어든다. 많게는 4cm 이상 줄었다고 말씀하시는 이들도 있다. 수액으로 차 있던 목뼈 디스크가 마르고 눌리면서 줄어든다는 게 의학적 설명이다. 그렇지 않아도 짜리몽땅인데 세월이 야속하기만 하다. 하이힐을 신었던 여성들도 관절이 도와주지를 않으니 천상 하늘이 주신 키를 그대로 보여주어야 하고, 남자들도 땅과 한 뼘 더 가까워진다. 그래서 어려서 키가 작은 사람들의 별명 중에는 '앉으나 서나'가 많았지만, 나이 들면 다 같은 처지다.

그래서 최근 키높이 신발이 얼마나 고마운지 모른다. 줄어든 키를 만회하면서도 구두처럼 안정성이 떨어지지도 않으니 요즘은 남녀노소 키높이 신발이다. 운동화 전문 매장에 가도 요즘은 최소 3cm는 넘어 보이는 신발들이 즐비하다. 10대 아이들도 30대도 50대도 그리고 70대가 넘어도 모두 같은 매장에서 높이에 감탄하며 신발을 구매한다. 그리고 신발을 신는 순간 회춘한다. 웃음이 저절로 나온다. 우하하하! 새 신발 사서 좋아. 키 커지니 좋아, 동요처럼 새신을 신고 팔짝 뛰어보고 싶다!

줄어든 키만큼 마음도 줄어드는 것 같다. 속이 좁아졌다며 부부가 서로를 '좁쌀'이라고 부른다지만, 속이 좁아졌다기보다는 움츠러든다는 표현이 더 맞을 듯하다. 아코디언처럼 자글거리는 주름도 얼굴의 움츠림일 것이고, 줄어든 키는 뼈의 움츠림일 것이며, 앞으로 오목 접혀진 어깨는 심정의 움츠림일 것이다. 왜 이리 밀리는 게 많은지, 어쩜 이렇게 안 되는 게 많아지는지! 몸이 움츠러드니 마음도 움츠러드는 듯하다. 뭘 하려 해도 자신감이 떨어지고, 뭘 먹으려 해도 치아나 소화력도 예전 같지 않다. 어딜 다니려 해도 조금만 걸어도 숨이 차고 잠시만 다녀도 다리가 아프다. 그리고 누가 뭐라 하지 않는데도 괜히 조심스러워지고, 애들이 한마디 하면 꼬박 일주일은 불면의 밤이다. 모임에 나가서도 절대적 삐질이가 되어 자주 마음이 상하고 때로는 버럭 화를 내기도 한다. 딱히 아픈 것도 아닌데 돈을 낼 때는 손이 벌벌 떨린다. 돌아보면 왜 이리 잘못한 것과 부끄러운 것들 투성이인지 고개를 돌리기도 겁이 난다. 신체의 키만 줄어드는 것이 아니라 마음의 키도 줄어드나? 마음에도 목뼈처럼 무슨 디스크라도 있는 걸까?

나이가 들면 누구 말처럼 '소가지가 나빠서' 쫀쫀해지나? 나름 대단하지는 않아도 대범한 순간도 꽤 있었고, 위대하지는 못해도 관대한 순간도 많았단 말이다. 설사 빈정이 상한다 해도 굳이 내색하지 않는 센스와 여유도 있었던 지난날이었는데, 왜 사람들은 나더러 '사람이 변했다', '속이 좁아졌다', '쫌생이'라고 말할까? 관대함의 수액이 말랐나? 대범함의 디스크가 닳았나?

맞다! 사람이 변한 것도 맞고, 속이 좁아진 것도 맞고, 쫌생이인 것도 맞다. 그러나 단어가 틀렸다! 변한 것이 아니라 성숙한 것이고, 속이 좁아진 것이 아니라 신중해진 것이며, 쫌생이가 아니라 알뜰한 것이다. 몸이 달라지니 시간과 결정의 가성비를 높여야 했고, 어른의 몫을 하자니 좀 더 생각하고, 조심스레 말하려니 가끔 결정의 타이밍을 놓치고, 남은 자산에 대한 책임을 생각하니 소비에 신중할 수밖에 없다. 같이 늙어가도 집집마다 사람마다 사정이 다르니 나의 사정을 누가 알까? 변했다느니, 좁다느니, 쫌생이라느니 말하는데, 누군가는 적응 중이라고 말했으면 한다. 누군가는 이 '나이 듦'의 사정을 알아주었으면 한다. 적응과 사정을 아는 이라면 성숙을 말하고, 신중을 말하고, 알뜰을 말할 것이다.

　이게 나이 듦의 가성비이다. 가성비는 변화와 신중과 쫀쫀함으로 우리의 심리 디스크를 더 밀도 있게 만들고 노화의 상황에 맞는 신체변화처럼 지금에 맞는 마음변화를 가져온다. 변해야 잘 늙는 것이다. 신중해야 건강하게 나이 드는 것이다. 쫀쫀해야 안전하게 사는 것이다. 도와줄 것이 아니면 나무라지도 말라. 나의 늙음에는 나의 키가 맞고, 나의 기쁨과 안전에는 나의 심리 디스크가 맞다. 잘 적응하면서 전에 없이 신중하면서 깐깐하고 쫀쫀하게 사는 것, 그것도 나름 재미있다. 늬들이 그 재미를 아느냐? 햄버거 광고문구처럼 "늬들이 게맛을 알아?" 생애 적응의 맛, 생애 가성비의 맛, 생애 계획의 맛, 그 인생의 맛을 늬들이 알겠냐? 쫀쫀해도 내 삶이 좋다. 신중해서 더 좋다. 변해서 새롭게 살아보니 그것 역시 좋다. 이것이 내 마음의 키높이 신발이다!

[제5부]
창조적 노인의 매력적인 대화법 10단계

백만스물하나. 42×50 cm, 장지에 채색, 2013. ⓒ 김난.

제1단계 미소의 위력

———

노년기의 인간관계는 노년기의 행복을 좌우한다. 어떻게 하면 노년기에 매력적이고 만족스런 대화의 장을 열 수 있을까! 사람은 누구나 첫인상에 마음이 움직인다. 아무리 좋은 특성을 가지고 있는 사람이라도 그 사람의 인상이 좋지 않을 경우, 얘기를 꺼내기도 전에 돌아서기도 한다. 이미 세월 속에 이마에는 내 천(川) 자가, 입 주위에는 여덟 팔(八) 자가 그려져 있다. 그러나 알고 있는가? 사람은 생김새가 아니라 이미지를 통해 상대방에게 호감을 주게 된다는 점을! 우리는 언어로만 말하지 않는다. 가장 먼저 그 사람의 호의적 이미지, 곧 그 사람의 미소를 통해 대화의 문이 열린다. 특히 좋은 이미지를 만들어내는 '미소'는 매력적인 노년의 대화를 여는 첫 단계가 된다.

그렇다면 매력적인 미소, 어떻게 하면 좋을까? 먼저 '가장 신뢰할 수 있는 미소'를 지으라! 윗니와 아랫니 사이에 빨대를 살짝 물었다고 생각하고 입술 끝을 올려주는 방법이 바로 그것이다. 가장 신뢰할 수 있는 미소야말로 상대의 마음의 빗장을 열고 함께 삶과 기쁨을 나누고자 하는 의지를 표현하는 가장 확실한 방법이 된다. 둘째, 미소가 습관이 되도록 하라! 심리학에서는 어떤 행동이 습관이 되기 위해서는 대개 3주 정도가 필요하다고 말한다. 이제 3주 동안 나의 기분과 상관없이 사람들과 눈이 마주칠 때마다 미소를 지어보라. 상대가 함께 웃지 않더라도 염려하지 말라. 이탈리아의 리촐라티 교수의 연구 결과처럼 웃는 장면을 보는 사람은 자신도 모르게 웃는 근육이 움직이게 된다. 여러분의 미소는 늘 다른 사람의 미소와 긍정적 반응을 얻어내게 된다. 3주 동안의 연습을 통해 여러분과 함께하는 사람들의 호의적인 태도 변화를 눈으로 확인하게 될 것이다. "연습이 대가를 만든다"라는 독일 속담이 있다. 이제 3주 후면 여러분은 가장 신뢰할 수 있는 미소로 '대화의 문 열기 전문가'가 된 자신을 발견하게 될 것이다.

제2단계 접촉은 상징적 권력이다

———

여러분은 사람들을 만날 때 가장 먼저 무엇을 하는가? 많은 사람들은 대개 눈인사를 하고, 가볍게 목례를 하는 사람들도 있다. 그리고 악수를 하는 사람들이 있다. 눈인사를 하거나, 가볍게 고개를 숙여 인사를 하거나, 악수를 하는 것은 모두 '단순접촉'이라 한다. 미국의 사회심리학자 자이언스에 의하면 사람들은 단순히 만나 눈을 마주치거나 가벼운 신체접촉을 하는 것만으로도 호감도가 크게 상승한다. 이를 '단순접촉효과'라 부른다. 미소가 상대방에게 호의를 불러오는 표현이라면, 가까운 거리에서 이루어지는 인사와 악수는 상대방에게 호의를 강화하는 방법이다.

그렇다면 가벼운 인사와 악수는 어떻게 하는 것이 좋을

까? 먼저 가벼운 인사는 다소 먼 거리에서 서로의 눈이 마주쳤을 때 사용한다. 대개는 10미터 이내의 거리에 상대방이 들어오면 먼저 고개를 살짝 숙여 반가움을 표현한다. 굳이 거리를 계산할 필요는 없지만, 가능한 한 면식이 있는 사람에게 먼저 인사를 한다면 상대는 반드시 호의적으로 반응하기 마련이다.

악수는 대개 몇 가지 원칙이 있다. 첫째는 연장자가 먼저 청하는 것이다. 젊은 세대들에게 먼저 내민 인생선배의 악수는 언제나 호의 이상의 존경으로 돌아온다. 둘째, 악수를 할 때 서로 맞잡은 손은 3~5회 정도 가볍게 흔들고 내린다. 손을 너무 꽉 잡거나 너무 많이 흔들게 되면 경우에 따라 상대방이 불편함을 느끼게 되고 악수의 효과가 줄어들기 쉽다. 특히 여성과 남성이 악수를 할 때에는 손끝을 살짝 잡는 정도로 하여 2~3차례 가볍게 흔들고 손을 내리면 된다.

눈인사나 악수는 늘 삶에 여유가 있고 자신감이 있는 사람이 먼저 하기 마련이다. 삶의 여유를 공유하고 호감을 증진시키는 방법은 간단하다. 먼저 인사하고 먼저 손을 내밀라. 먼저 내민 손, 그 간단한 손짓으로 여러분은 상대의 마음과 관심을 얻어내게 될 것이다.

제3단계 낮은 소리는 인격이다:
10-5-3 법칙

———

초등학생 300명을 대상으로 '노인은 어떤 사람들인가?'에 대한 답변을 조사한 결과에서 39%의 응답자가 '소리를 지르는 사람'이라고 답변했다. 또한 많은 아이들이 노인들이 소리를 지르는 것은 화를 잘 내기 때문이라고 생각하고 있었다. 그러나 실상 시니어들이 큰 소리를 내는 이유는 크게 세 가지로 나누어진다. 하나는 노인성 난청 등 청력의 문제로 들리지 않아서, 그리고 다른 하나는 설득의 방법, 그리고 셋째는 분노의 표현이다. 귀가 들리지 않는 경우, 자신이 잘 들리지 않기 때문에 다른 사람도 잘 들릴지 않을 것이라는 생각으로 큰 소리를 내어 의견을 전달하기 쉽다. 청력 저하가 의사전달의 장애가 된다면 보청기 같은 보조기구를 활용하여 문제를 빠르게 최소화할 수 있을 것이다. 문제는 두 번째와 세 번째로, 설득과 분노의 표현으로 소리를 지르는 부분이다. 사람은 마음이 급할수록, 잃은 것이 많을수록 빠르게 분노한다. 즉 상처가 많은 사람이거나 성격이 급한 경우 빠르게 화를 내고, 결국에는 남들에게 상처를 주고 동시에 남들에게 비난의 대상이 된다.

원치 않는 오해를 불러오는 소리 지르기, 그 노년의 낙인을 떼는 방법은 무엇일까? 10-5-3 법칙을 제안한다. 먼저, 화가 나는 시점에 말을 해야 한다면 말하기 전에 먼저 마음으로 10초를 세어보라. 10초는 짧지만 우리의 품위를 유지시키기에 충분하다. 열을 세는 동안 순간적으로 끓어오르는 화를 살살 달래보라. 다스려진 분노는 곧 관계를 촉진하는 에너지로 변모할 것이다. 둘째, 소리를 지를 만큼 답답했다면 한 손을 들어 가슴을 다섯 번 쓸어내려라. 물리적으로 가슴을 쓸어내리는 행동은 호흡을 되돌리고 화를 가라앉힌다. 셋째, 의도적으로 소리를 낮추어라. 지르는 소리가 10이라면 3 정도의 크기로 조절하라. 낮은 소리는 당신이 안정적인 사람이라는 증거가 된다. 상대는 낮은 소리로 말하는 여러분에게 품위와 우아함을 느낀다. 그리고 당신은 곧 매력적으로 원하는 이야기를 풀어나가게 된다. 연습이 대가를 만든다. 바로 지금이 10-5-3 법칙을 시작할 시간이다!

제4단계 눈맞춤, 상대를 80% 손아귀에 넣는 법

———

사람마다 눈의 느낌이 다르다. 시원한 눈, 울 것 같은 눈, 사랑스런 눈, 무서운 눈 등. 눈은 '본다'는 생물학적 의미 이상의 의미를 갖는다. '눈으로 말한다'라고 할 만큼 사람의 감정을 담아낸다. 따라서 누군가와 대화를 할 때 눈을 보이지 않거나 눈길을 피할 때 우리는 그 사람을 속을 알 수 없는 사람이라고 여기고 심지어는 뭔가를 숨긴다고 '의심'하기까지 한다. 눈을 바라본다는 것은 무엇을 의미하는가? 눈은 말하는 대상을 관찰하는 도구이자 관찰의 결론을 담는 창(窓)과 같다. 눈을 잘 활용하면 좋은 관찰을 할 수 있을 뿐 아니라 당신의 마음의 결론을 보여줄 수 있다. 우리 몸의 감각 중 80%는 시각에서 비롯된다는 것을 아는가? 여러분의 눈은 전체 감각의 대변자이자 전체 인격의 발언자인 셈이다.

그렇다면 상대의 눈을 잘 바라보기 위해서는 어떻게 해야 하는가? 물론 상대의 눈을 대화 도중 지속적으로 응시하는 것이다. 잘된다면 당신은 최고의 마술사처럼 상대를 사로잡게 된다. 그러나 문제는 상대의 눈을 보기 힘든 경우이다. 상대방을 보고는 싶지만 부끄럽기도 하고, 어색하기도 하고, 두렵기도 하여 상대의 눈을 볼 수 없는 경우도 많이 있다. 이때 '보는 기술'이 필요하다. 상대와 정확히 눈맞춤하기 어렵다면, 눈 바로 밑 애교살(하안검) 부분을 바라보기를 권한다. 상대의 눈 바로 밑 애교살 부분을 바라볼 때 상대는 당신이 그의 눈을 보는지 아닌지를 판가름하기 어렵다. 즉 정확히 눈동자만을 바라보지 않더라도 상대의 시선을 지속적으로 대화 속에 머무르게 할 수 있고, 동시에 상대의 마음도 그 자리에 머무르게 할 수 있다. "나는 당신의 손아귀에 있습니다"라는 인도의 시인 타고르의 말은 눈을 마주치며 대화하는 당신의 눈길에 사로잡힌 대화상대가 당신에게 보내는 말없는 고백이 될 것이다. 이제 눈을 바라보며 그 사람을 사로잡으라!!

제5단계 고개를 끄덕이자, 동공이 열린다

———

표정은 사람의 감정을 전달하고, 동작은 상황을 설명한다. 눈을 바라보는 것이 상대의 마음을 점령하는 일이라면, 고개를 끄덕이는 것은 상대방에게 당신의 호의와 공감을 보여준다. 고개를 흔드는 일은 어찌 보면 무척 사소한 일로 보인다. 그저 단순한 동작, 혹은 의미 없는 행동의 일부로 보일 수도 있다. 그러나 알고 있는가? 상대방은 당신이 고개를 흔드는 것에 '아, 이 사람이 내 말을 듣고 있구나, 내 말에 동의하는구나!'라고 생각하게 된다. 동의해주는 상대와 나누는 대화는 동지와의 대화가 되고 마음을 드러내는 나눔이 된다. 어쩌면 고개를 끄덕이면서 당신은 상대의 말을 더 자세히 듣게 될 수도 있다. 고개를 끄덕이는 과정만으로도 듣는 당신이 더 대화에 빠져들게 되기 때문이다.

그렇다면 고개를 어떻게 얼마나 움직여야 하는가? 고개를 끄덕이는 것이 좋다고 하지만, 그렇다고 모든 순간에 끊임없이 고개를 흔들 수는 없다. 너무 고개를 많이 끄덕인다면, 상대는 즐거움으로 말을 잇기는커녕 도리어 불쾌감을 느끼게 될 것이다. 고개를 흔드는 효과를 얻지 못할 뿐 아니라 괜한 오해를 사고, 고개를 흔드는 사람은 그저 목만 아프게 되는 원치 않는 결과를 보게 된다. 말을 듣지 않고 성의 없이 고개만 끄덕인다고 생각하기 쉽기 때문이다. 그보다는 이따금씩, 시간적으로는 대략 8~10초에 한 번 정도 끄덕이는 것이 좋다. 물론 고개를 흔들지 않는 8~10초 사이의 시간에는 상대방의 눈을 바라보며 상대의 마음을 끌어당기는 일이 함께 일어나야 대화가 더욱 효과적으로 일어난다. 명품 대화를 원하는가? 그렇다면 지금 고개를 위아래로 끄덕여보라. 이 단순 동작을 통해 여러분의 인격은 위로, 그리고 상대의 불신은 아래로 내려가며, 숱한 대화의 장에서 여러분은 명품친구, 최고의 파트너로 각광받게 될 것이다. 바로 지금 고개를 끄덕이라!!

제6단계 내 말만 하지 말라, 아무도 듣지 않는다

————

누구나 상대가 나를 전혀 배려하지 않는 순간을 마주 하게 된다. 당황스럽기도 하고 때로는 화가 나기도 한다. 사람들은 이렇듯 타인을 배려하지 않는 사람을 '이기적'이라고 말하고 대부분 그를 인격적으로 상대하지 않는다.

　놀라운 것은 이런 상황이 나이가 지긋하신 분들끼리의 대화 장면에서 매우 자주 목격된다는 것이다. 한 사람은 목청을 높이며 이야기를 하고 다른 사람들은 차마 그 자리를 떠나지는 못하고 짜증스런 얼굴로 상대의 말을 '견디고' 있다. 이런 장면을 자세히 들여다보면 말하는 이가 상대의 표정이나 반응에 상관없이 혼자 지겹고 공감되지 않는 주제로 쉴 없이 '떠벌리고' 있음을 알 수 있다. 사람은 앉아 있으나 듣는 이는 없고 공허한 울림만 있을 뿐이다.

우리가 말을 하는 것은 상대에게 전달하고자 하는 바가 있기 때문이다. 다시 말해 상대가 듣지 않는다면 우리의 말은 바람소리만도 못하게 될 수 있다. 특히 모두를 무시하고 자신만이 옳다고 주장하거나 상대방의 짜증스런 반응에도 눈치 없이 하고 싶은 말만을 고집한다면, 당신은 곧 홀로 남게 될 것이다. 그들은 지금까지 당신에게 당했던 '말고문'을 더 이상 견딜 수 없기 때문이다.

그렇다면 어떻게 해야 할까. 첫째, 대화 중 상대가 얼굴을 찡그린다면 목소리부터 낮춰보라. 둘째, 상대가 고개를 돌린다면 당신은 혼잣말에 취한 것이다. 상대가 대화의 주제를 어떻게 생각하는지 물어보라. 셋째, 상대가 그 자리를 떠나간다면 그때는 잠시 멈춰 서서 스스로를 성찰하라. 대화가 중단된 것이 자리를 뜬 말동무의 무례함 때문인지, 아니면 당신의 '혼자 떠들기' 때문인지 냉철하게 살펴보라.

음성을 낮추고 상대의 의견을 묻고 상대와 함께 반응을 주고받는 것, 그것을 우리는 대화라고 말한다. 이 모습으로 돌아올 때 '공허한 외침'은 곧바로 '존경스럽고 믿을 만한 대화'로 변할 것이다. 그리고 바로 그 자리에서 여러분은 다시 만나고 싶고 이야기를 다시금 듣고 싶은 최고의 친구로 거듭날 것이다.

제7단계 대화의 거리, 심장의 거리

———

두 사람이 함께 이야기를 나눌 때 둘 사이에 나타나는 물리적 거리를 '대화의 거리'라고 한다. 대화를 하는 사람들을 가만히 살펴보면, 놀랍게도 모두가 서로 다른 정도의 거리를 두고 이야기를 나눈다는 것을 알게 된다. 우리는 대개 가까운 사람은 가까이, 서로 친하지 않은 사람들은 멀리 서서 이야기를 한다고 생각하지만 꼭 그렇지만은 않다. 실상 여성들과 남성들은 대화의 거리에 있어 서로 차이가 있다. 여성들은 친밀할수록 가까이에서 이야기를 나누고, 남성들은 대개 일정한 거리를 유지하는 경향이 있다. 또한 대인관계이론에서 말하는 가장 일반적인 대화의 거리는 여성과 여성 사이는 30cm, 남성과 남성은 50cm, 여성과 남성은 30cm라고들 한다. 이러한 경향을 군이 심리학적으로 설명하자면, 여성들은 '관계적 인간'이어서 관계의 정도가 물리적으로도 나타나는 것이고, 남성들은 '권력적 인간'이어서 일정한 거리에서 서로 상태를 탐색하게 된다. 거리가 그렇다고는 하지만, 그렇다고 줄자를 들고 다니며 서로의 거리를 재어가며 대화를 나눌 수도 없는 노릇이다.

그렇다면 대화의 거리를 활용하자면 어찌해야 할까? 먼저 기억할 것이 있다. 사람들은 누구나 불편하게 생각하는 거리가 있다는 것이다. 사람은 대개 상대와의 대화의 거리가 일정 수준으로 가까워지면 문득 불편한 생각에 자신의 몸을 뒤로 빼게 된다. 대화 중 상대방에게 멀어지기 시작하는 바로 그 거리가 바로 두 사람 간의 '대화의 거리'이다. 그렇다면 이를 역으로 사용할 수 있다. 즉, 여전히 대화는 유지한 채 몸을 뒤로 조금씩조금씩 빼어보라. 그러면 어느 순간 상대는 내 쪽을 향하여 몸을 숙이게 된다. 대화의 중요한 원칙 중 하나는 대화의 장면에서 몸이 앞쪽으로 향하는 사람이 대화에 더욱 적극적으로 참여하게 된다는 것을 알고 있는가! 상대를 대화의 장으로 불러들이는 방법, 상대를 더 열렬히 대화의 현장에서 활약하게 하는 것은 바로 간단하지만 철저하게 계획된 '대화의 거리' 이용에서 비롯될 수 있다. 이제 기억하라! 당신이 열이 나도록 말하는 동안 상대는 멀어지나, 당신이 몸을 조금씩 젖히며 대화의 장을 양보할 때 비로소 상대방이 당신에게 말하고 싶어 하며 그의 몸을 당신을 향해 기울이게 된다는 것을! 지금 바로 연습해보자. 눈은 상대에게, 몸은 조금 뒤로 하며 상대의 말을 들어보자. 상대가 당신에게 다가오는 것이 보일 것이다!

제8단계 끝까지 듣기:
매력은 마지막까지 듣는 자의 것이다

───

누군가가 이야기를 시작하면, 어떤 사람은 관심 밖의 이야기는 전혀 듣지 않고 그 자리에서 벌떡 일어나는 사람이 있다. 반면 어떤 사람은 지루하고 뻔한 이야기라도 껄껄거리며 듣거나 가만히 앉아 끝까지 귀를 기울여주는 사람이 있다. 당신이 말하고 있는 바로 그 사람이라면 우리는 누구를 좋아하겠는가? 물론 후자다. 심지어 어떤 사람은 상대의 말을 자세히듣고 "참 즐겁게 들었다"며 질문을 던지기도 한다. 우리는 그런 사람을 '적극적으로 경청하는 사람'이라고 말한다.

　　적극적 경청(Active Listening)! 사실 이 말은 상담현장에서 내담자의 말을 충분히 귀 기울여 듣고 내담자의 표현 이면에 있는 감정까지 읽어내는 기술을 말하는 학술용어였다. 그러나 이제는 더 이상 학술지에만 오르는 용어가 아니라 일상의 용어가 되었고, 이미 그 표현은 진부하기까지 하다. 즉 '잘 들으라'는 것인데, 정작 '적극적 경청'은 어떻게 하는 것인가?

적극적 경청의 으뜸은 '끝까지 듣는 것'이다. 누군가 말을 한다는 것은 그 사람의 의지와 의도, 정서, 상태, 주장 등을 고스란히 드러내는 행위이다. 곧 그의 의도를 알기 위한 가장 좋은 방법은 그 표현의 마지막까지 듣고 보는 것이다. 특히 노년기의 대화 장면을 자세히 들여다보면, 대화 도중에 상대방의 말을 끊거나, 대화 도중에 벌떡 일어나거나, 말이 끝나기도 전에 상대를 비난하며 "당신은 틀렸다"고 말하는 경우가 참 많다. '잘 듣는다'라는 것은 끝까지 들으며 상대를 이해하려는 태도이다. 여러분이 끝까지 누군가의 말을 침착하게 들어줄 때 비로소 상대도 나의 말을 끝까지 들어준다. 언제나 듣기는 상호작용이기 때문이다. 상대를 설득하고 싶다면 상대의 말을 끝까지 들으라! 상대의 말을 논박하고 싶다면, 그리고 상대방을 내편, 내 사람으로 만들고 싶다면 끝까지 들으라! '끝까지 듣기'라는 인내와 배려 끝에 당신은 '믿음'과 '신뢰', '존경'이라는 값진 열매를 얻게 될 것이다.

제9단계 공감의 기술

———

공감(共感)은 말 그대로 마음을 함께한다는 뜻이다. 즉, 다른 사람의 마음과 나의 마음이 같아지는 순간, 우리는 공감한다. 그러나 실제 공감은 더욱 사려 깊은 말로 해석된다. 바로 다른 사람의 마음속에 들어가 보는 것, 다른 사람의 입장이 되어 그 사람의 마음을 헤아려보는 것이다. 필자는 종종 다른 사람의 입장이 되어본다는 말을 '그 사람의 신발을 신어본다'라는 표현으로 대신한다. 다른 사람의 신발은 직접 신어봐야 비로소 더운지, 차가운지, 뾰족한 게 들어가 있어 아픈지 알 수 있다.

그렇다면 공감은 내 마음속에서 상대의 마음을 헤아리는 것으로 끝일까. 물론 아니다. 내가 누군가의 마음에 공감했다면, 그 공감의 상태를 표현해 상대방이 이를 보고 들을 때 비로소 공감이 되는 것이다. 내가 공감했다는 것을 상대방에게 어떻게 알려줄 수 있을까.

공감했다는 것을 상대에게 전달하는 방법은 여러 가지가 있지만, 가장 일반적인 몇 가지는 다음과 같다. 첫째, 상대의 마음과 상태가 내 마음에 와 닿은 것을 그대로 말로 전달하는 방법이다. 예를 들면 "얼마나 힘들었을까!", "무척 괴로웠겠다", "그 얘기를 들으니 내 가슴이 찡하고 눈물이 난다" 등 내 마음에 전달된 정서를 상대에게 말로 전하는 것이다. 둘째, 눈으로 말하며 고개를 끄덕이는 방법이다. 눈은 상대의 마음을 읽는 통로이자, 동시에 내 마음을 전달할 수 있는 도구이기도 하다. 아픔과 슬픔의 감정을 담아 상대를 바라보며 그의 고통을 이해한다는 의미로 고개를 끄덕여준다면 상대방은 그 눈짓과 몸짓에 뜨거운 눈물로 응답할 것이다. 셋째, 상대의 아픔을 접촉으로 공감하는 방법이다. 말주변도 없고 눈을 바라보기도 어렵다면, 고통 속에 있는 상대의 손을 꼭 잡아주거나 어깨를 가만히 안아주는 방법도 좋다. 이 세 가지 방법을 모두 사용한다면 상대방의 마음은 이내 감동과 고마움으로 가득 찰 것이다.

우리 모두가 누군가에게 받고 싶은 공감, 바로 그것을 사용해보라. 마음을 어루만져주는 그 말, 그 눈빛, 그 매만짐으로 당신은 모든 사람의 마음을 얻게 될 것이다.

제10단계 얼굴도 말한다:
매력적인 표정 만들기

———

20대 그 시절 나의 얼굴은 어떠했는가? 그때는 좀 더 잘생겼으면, 좀 더 예뻤으면 하는 바람도 있었지만, 지금은 그저 그때의 싱그러움이 그립고 아련하기만 하다. 나이가 들면서 주름이 생겨나고 검버섯이 늘고, 탄력 없는 피부는 얼룩덜룩하기도 하다. 예쁘게 늙는 사람들도 많다지만, 거울 속에 서 있는 자신이 딱히 매력적이지만은 않다. 첫인상이 사람의 예쁜 정도, 혹은 잘생긴 정도로 가늠된다면 노년을 살고 있는 사람들에게는 이는 비보(悲報)일 것이다. 그러나 놀랍게도 사람의 첫인상은 대개 생김새보다 표정과 매너에서 훨씬 큰 부분을 차지한다는 연구 결과가 수두룩하다. 매력적인 대화가 우리에게 필요하다고 했는가? 표정은 의식적·무의식적 차원에서 당신의 대화 매력을 급상승시키고 오만상을 찌그리는 당신에게 새로운 대화의 세계를 열어줄 것이다.

긴장했을 때 사람들은 대개 미간을 찌그리거나 이마 근육을 올려 주름이 지게 한다. 또한 아랫입술의 움직임이 많아지고 눈을 아래로 내리깐다. 반면, 유쾌하거나 즐거울 때는 입가가 올라가며 미소를 짓고, 눈빛이 빛나며, 동공이 작아지고, 이마 근육이 이완된다. 이것은 얼굴도 말을 한다는 것을 보여준다. 무의식적으로 우리는 실제 '언어구사'보다 '표정구사'를 더 많이 한다. 따라서 당신의 말을 듣는 사람은 당신의 '의식적인 말'을 듣는 비율보다 당신의 얼굴과 눈빛에서 나타나는 '무의식적인 말'을 더 많이 보고 듣게 되는 셈이다. 자신도 모르는 사이 굳어지는 표정, 자신도 모르게 보이는 눈빛을 기억하라. 그리고 이제 새로운 표정을 시작하라. 첫째, 입끝을 올리고 치아를 드러내어 웃으며 말하라. 치아손실로 듬성듬성 빠졌다고 해서 두려워할 것은 없다. 입을 꼭 다물고 있는 것보다 훨씬 나으니 말이다. 둘째, 눈썹을 살짝 올리며 상대를 쳐다보며 말하라. 당신은 자신감에 차 있고, 누구보다 매력적이고 여유로운 사람이 될 것이다.

많은 사람들이 '진심'이 중요하다고 말한다. 그러나 여러분의 진심이 말의 '내용'이라면, 여러분의 표정은 말의 '방법'이고 '기술'이다. 작은 차이가 명품을 만들듯, 작은 말의 기술이 여러분을 최고의 매력남, 최고의 매력녀로 만들 것이다. 이제 인생 최고의 매력을 뿜어내어보라. 그리고 자부심을 가지고 기억하라. 당신이 최고라는 것을!! 표정은 자부심을 기억한다.